A la Découverte du *Petit Prince*

An Enrichment Workbook for Exploring Language and Themes

ANNOTATED TEACHER'S EDITION

A la Découverte du *Petit Prince*

An Enrichment Workbook for Exploring Language and Themes

ANNOTATED TEACHER'S EDITION

Anne Gassaway Brown
M.A., Middlebury College

This book is dedicated

to that essence of the little prince

that resides in every heart.

Published by National Textbook Company,
a division of NTC/Contemporary Publishing Company,
4255 West Touhy Avenue,
Lincolnwood (Chicago), Illinois 60646-1975 U.S.A.

Manufactured in the United States of America.

9 0 VL 9 8 7 6 5 4

Table des matières

Le Petit Prince

To the Teacher

This Annotated Teacher's Edition of *A la Découverte du Petit Prince* includes the entire student's workbook text along with suggested answers, literary notes, and commentary. Apart from the introductory pages of orientation for the teacher, all student and teacher materials are in French, as is appropriate for total language immersion in the classroom.

The orientation pages, which do not appear in the student workbook, include:

The Course of Study

A la découverte du Petit Prince is appropriate for the advanced high school and intermediate college levels. The thought-provoking questions and composition topics motivate students to express their personal point of view and challenge them to go beyond their present capacities for self-expression in the French language to reach new levels of oral and written fluency.

This course of study has been designed for a total language immersion experience in French.

There are three learning objectives: (1) to effect student comprehension of the French language of the text, (2) to encourage student understanding and appreciation for the deeper meanings of the literary work of *Le Petit Prince* in the context of their own lives, and (3) to improve student language skills as a means for self-expression and the communication of ideas, both orally and in written work.

It is presupposed that the students have already studied the basic elements of French language and grammar usage. Essential reference books are a basic grammar review text and a French-English dictionary.

Each of twenty-one sets of exercises corresponds to a chapter of *Le Petit Prince,* or to a chapter cluster when chapters are short.

The workbook format, in which personal responses can be written next to the questions asked, allows students to more readily connect, interact, and become engrossed with the subject matter.

Each chapter of the workbook contains (1) a list of pertinent vocabulary, which spares students the distraction of looking up too many words, (2) questions requiring written responses for later class discussion, and (3) a **Contrôle grammatical** section that reviews verb usage particular to the chapter being read. With

the exception of the present tense and a brief mention of the imperfect subjunctive, all verb tenses are reviewed.

At appropriate intervals throughout the reading, students are asked to develop their writing skills and their ideas. Written assignments grow out of discussion of the chapter questions. Two written chapter résumés toward the beginning of the work assure initial comprehension of the text. Students write about the more important issues in three half-page **Commentaires** and four five-paragraph **Rédactions.** In the **Rédaction finale,** students may choose from a list of topics that treat the greater themes of the book.

The unique and central feature of the exercises lies in the nature of the questions posed to the reader. Recognizing the three cognitive levels of questions—input, process, and output, leading from the concrete to the abstract—students are guided from questions that first require factual recall, to comparative questions that call for the processing of factual information into meaningful relationships, to final questions that bring about understanding and appreciation of the deeper meanings of the story. In these final open-ended questions, the student is invited to examine the values and ideas of Saint-Exupéry and to evaluate and apply their philosophical implications as they relate to him or her personally. These questions are for both written and oral expression, with the more important issues often further developed in composition exercises.

Students explore deeper levels of the story. Because the exercises go beyond the mechanics of the language, students are led to explore the philosophical importance of *Le Petit Prince* and to participate in a process of self-discovery and the examination of values in the context of their own present-day world. This is the ultimate goal of teachers who guide their students in the study of this literary classic.

Questions for the first few chapters are simpler, to give the students time to become comfortable with the language and story of *Le Petit Prince* and the nature of the exercises. Language fluency will increase as students progress into the story, allowing the questions to become more thought-provoking and philosophical.

These materials have been used, tested, and perfected in the classroom for over ten years. They have proved themselves to be very valuable. The reading of *Le Petit Prince* is the highlight of the year for many students.

Introductory Activities

If materials are available, share something of Saint-Exupéry's life, writings, and philosophy with the class before beginning the reading of *Le Petit Prince.* Share excerpts, even in English, from *Terre des Hommes (Wind, Sand and Stars).* Read about the author's real-life plane crash in the desert and his three-day ordeal before being miraculously saved. There is also a wonderful passage in *Terre des Hommes* about how Saint-Ex bought an old slave from his owner and saw to it that he was returned to his native Marrakech. Read, too, of his flying comrade Guillaumet, given up for lost after a crash in the South American Andes, who walked out to civilization on frost-bitten feet. Share details of the author's death. He was reported missing in action after having taken off from Corsica in his plane to take photographs of enemy action in France. Neither body nor plane was ever recovered. There are interesting parallels with the "death" of the little prince. Saint-Exupéry

had a profound love for nature and for humanity. Knowing more about the author deepens our appreciation for him and for his story of *Le Petit Prince.*

Other articles can be read about Saint-Exupéry especially, but also about the grandeur and awesomeness of the Sahara Desert. Share photographs of the author, if possible. Such sharing can also be done as you proceed through the story. Finally, read together the **Introduction to the Student,** to help set the tone for maximum enjoyment and appreciation of the story of *Le Petit Prince.*

Suggested Lesson Format: Overview

Once studies are under way, the material for each chapter (or chapter cluster) should take three days at the third- and fourth-year high school levels and two to three days at the university level. The nine composition assignments require one to four additional days each, for a maximum of twenty-two days, which are often overlapped with continued study. Exploration of *Le Petit Prince* generally becomes the focal point of a semester's work at the high school level, although time is still available to pursue other elements of French studies. Similar work can take ten to twelve weeks or as little as half a semester at the university level.

The plan of study can be modified by overlapping composition assignments with subsequent chapter readings and by reducing the number of composition assignments. The **Contrôle grammatical** portions of the lessons might be covered orally in class instead of given as assignments, or they may be omitted altogether.

The two-day cycle requires the answering of all the questions on the first day and the completion of the **Contrôle grammatical** assignment for the second day. As the latter assignment is easier than the text questions, some of the final questions can be coupled with the **Contrôle grammatical** assignment.

The following plan allows a three-day cycle of study for each chapter (or chapter cluster). It is followed by a more detailed look at each day's activities.

Day 1

- Correct the **Contrôle grammatical** from the previous lesson (with the obvious exception of the first chapter).
- Read the next chapter (or first chapter, to begin the book).

Homework assignment, due for Day 2: Write answers to the first half of the questions for the chapter.

Day 2

- Correct and discuss answers to the first half of the chapter's questions.

Homework assignment, due for Day 3: Write answers to the second half of the questions for the chapter.

Day 3

- Correct and discuss answers to the second half of the chapter's questions.

Homework assignment, due for Day 1 of the next three-day cycle: Write answers to the questions in the **Contrôle grammatical** section.

Suggested Lesson Format: A Closer Look

The class is best conducted in French. Students should know that French is required but that breaks into English can be taken once in a while, especially if frustration persists. English is important at times to ensure a more complete bonding of the class. Class watchwords, though, should be *"Parlez français"* and *"Patience, patience, patience!"* Assure students that all they need to say is *"Je ne comprends pas"* and you will work at explaining what isn't clear, in French, until they understand. *"Comment dit-on ________ ?"* with one word or phrase in English might be acceptable, as well as one English word or phrase to answer *"Qu'est-ce que ________ veut dire?"*

Day 1

Announce the homework assignment due for Day 2: Write answers to the first half of the questions for the chapter under study.

Homework assignment due for Day 1: Complete the **Contrôle grammatical** for the previous chapter. See Day 3 for a variant treatment of this exercise.

1. **Correct the homework due.** Once the study cycle is under way, Day 1 will begin with the correction of the **Contrôle grammatical** from the previous chapter. While the teacher circulates to check students' completion of this section in the workbook, students can pair up to quiz one another on grammatical elements from the lesson, to discuss different aspects of the chapter, or perhaps to review the vocabulary for the present or the following lesson.

The outlines and answers in the **Contrôle grammatical** sections of the Annotated Teacher's Edition have been used effectively in the classroom. However, there are other proven approaches to teaching particular tenses.

2. **Read the next assigned chapter(s).** Reading of the assigned chapter is best done aloud together in the classroom. It ensures more complete understanding of the events of the story, heightened sympathy for the characters, better appreciation of the humor, and sensitivity to nuance of language and literary style.

Decide whether the students, the teacher, or both will read the text aloud in class. It can reduce comprehension and be time-consuming when less-advanced students read. The teacher's reading does not detract from student progress: the modeling and uninterrupted flow can be important, and students will later have plenty of oral practice as they discuss the questions. Students may also be asked to reread portions of the text to check and correct for fluency and pronunciation.

You may sometimes choose to read only as far as the assigned questions, especially for longer chapters. However, it is generally better to complete the reading of the entire chapter.

If time permits, the vocabulary in the lesson might be introduced with an oral repetition before beginning the reading. Students can otherwise refer to the lesson vocabulary in their workbooks as the text is read in class.

Quizzes may be given on the vocabulary, if desired. Vocabulary is listed in columns so that students may test themselves by covering one or the other of the columns and taking cues from the column exposed. There are convincing schools of thought for testing vocabulary either before or after the reading of a chapter.

It is best to go over questions in class after a reading and before students answer the questions as homework. Or, the questions may be read as an introduction to a reading. At the high school level, about half of the questions are generally assigned to be done for the following day. For a university-level class, all questions might be assigned at once. In planning assignments, take into account that the first questions in a lesson are always easier to answer.

When questions seem numerous and homework time is short, it may be useful to set some questions aside for class discussion only. Such questions may be discussed immediately following the reading of the text, and therefore perhaps not assigned for homework.

Day 2

Announce the homework assignment due for Day 3: Write answers to the second half of the questions for the chapter under study.

Homework assignment due for Day 2: Write answers to the first half of the questions for the chapter under study.

1. **Correct the homework due.** It is good to begin by asking for a several-sentence oral résumé of what took place in the chapter.

Students may pair up to discuss elements of the homework questions that they found especially interesting or difficult while the teacher circulates and quickly checks for assignment completion. The teacher should more carefully check the work of one or two students at random to encourage all students to do consistently good-quality work.

Then, as an entire class, students and teacher discuss the questions. This is the heart of the quest! The teacher guides, asks for supporting rationales, commends, enlarges, poses questions to further discussion, and refers to this Annotated Teacher's Edition for suggested answers and additional notes that may be shared with students. Students can refer to their written answers, but should be discouraged from reading directly from them.

The answers to questions in this book should never be considered complete. As the lesson progresses into questions that require more personal answers, it is good to remember that there are many possible responses. Foster an open attitude to elicit the most thoughtful and enlightening answers. Encourage and commend students for their personal points of view, to be supported, as needed and as their language skills allow, by reference to the text or by their personal experience. This exercise encourages development of discernment, oral expression, and sense of self.

The teacher should share from his or her own personal experience as well, always noting down additional observations and insights in the *Guide.*

2. **Read the next assigned chapter(s).** Refer to the notes for reading selections under Day 1.

Day 3

Announce the homework assignment for Day 1 of the new cycle for the next chapter. Complete the **Contrôle grammatical** section. Or, as a variation, the **Contrôle grammatical** portion of the lesson may be done as a class exercise. The teacher may write on the board information elicited from the class while the students record the information in their workbooks. Together, the class may find the usages asked for from the lesson's reading.

Homework assignment due for Day 3: Write answers to the second half of the questions.

Correct the homework due. Follow the procedure for questions suggested for Day 2.

Composition Assignments

Composition assignments accompany Chapters 2, 3, 8, 14, 21, 23, 25, and 27. A final composition, from topic choices that treat the story of *Le Petit Prince* as a whole, will be found at the end of the workbook. Instructions for these writing exercises are included with each assignment.

Suggested time allowances for composition assignments are one day each for the two **Résumés,** two days each for the three **Commentaires,** and four days each for the four **Rédactions.** Time can vary according to class ability level.

For classes that need more structure, a **brouillon** (rough draft) may be required a day or two into the assignment. The completion of the drafts can be checked in class to make sure that students are formulating their ideas for the final composition; the drafts do not need to be collected or graded. Class time may also be given to asking and answering questions on language usage or on factual or philosophical development of the topic being treated.

It is useful at times to put aside a class hour to answer students' individual questions relating to their compositions. One question per student might be allowed until all have been able to ask a question; then a second round of questioning may begin. This can be an all-class exercise in which students take notes from the blackboard and thus benefit from each other's questions.

While students are working on their compositions outside of class, in-class time can be used in a variety of ways. More in-depth discussion can be held on particular aspects of the story or on the author's values as they pertain to the present day. This is also a good opportunity to introduce additional materials about the author, the Sahara, and the like. Or, subsequent lessons may be begun and questions answered only orally. It is also possible to take a break from study of *Le Petit Prince* and to introduce other subject matter pertinent to a French class.

It is enjoyable to have selected students share their compositions with the class after the compositions have been corrected. A class session can be devoted to both these readings and a discussion of the elements of vocabulary, usage, and style that arose from the assignment.

Additional Activities

Recordings of *Le Petit Prince* are available. The recording of highlights from the classic theatrical production with Gérard Philipe is about 30 minutes long. It can be listened to after students have read the entire story. A printed script of the recording might be prepared to aid students in following the recording, although it should all be very familiar to them by this time. It might be effective to play the appropriate passages of the story from this or other recordings as students progress through the book.

Dictées are a good diversion and a useful exercise once in a while. Pick passages that are especially meaningful from the text. They needn't be very long to be effective. Students may use the text to correct their own or each other's work. Take, for example, the first paragraph of Chapter 2 or the first half of the final paragraph of Chapter 5.

A translation exercise or two can be a valuable experience. It's good to expose students to this challenging task.

Introduction pour l'étudiant

Vous allez commencer la lecture du *Petit Prince.* C'est d'abord l'histoire d'un homme perdu dans le désert parce que son avion s'est écrasé dans les sables du Sahara. Mais c'est également l'histoire d'un enfant qui apparaît dans ce même désert et qui, lui, ne semble pas perdu du tout. L'homme est l'auteur Antoine de Saint-Exupéry; l'enfant est le petit prince.

En entreprenant la lecture de cette œuvre, vos études vous apporteront des résultats satisfaisants dans quatre domaines: la langue française, la littérature française, le récit de l'aventure de l'auteur et votre expérience personnelle de l'histoire.

Regardons un peu ces quatre domaines.

Pour le premier domaine, voici un livre écrit en langue française. Grâce à ce livre et en faisant les exercices présentés ici, en discutant avec vos camarades de classe et en développant vos idées par écrit, vous allez prendre plaisir à vous perfectionner en français.

Voici quelques conseils pratiques. N'allez pas trop vite. Prenez votre temps pour bien comprendre l'histoire, pour analyser les idées de l'auteur et pour bien réfléchir avant de répondre aux questions posées dans chaque leçon. Ainsi, vous allez enrichir votre connaissance de la langue française et vous apprendrez à mieux vous exprimer oralement en classe avec vos camarades. Vous apprendrez aussi à mieux vous exprimer par écrit, soit quand vous répondrez aux questions posées, soit dans les différentes rédactions qu'on vous proposera.

Vous ferez aussi une révision grammaticale de verbes en vous appuyant sur des éléments que vous trouverez dans chaque chapitre.

Le deuxième domaine est celui de la littérature française. Né en 1900, Antoine de Saint-Exupéry a produit son œuvre littéraire dans les années trente et quarante. Il partageait avec André Malraux et Henry de Montherlant, deux autres grands écrivains français de l'époque, une foi dans la grandeur humaine. Son esprit optimiste et humaniste ne s'est pas éteint avec l'avènement de la seconde guerre mondiale. Pilote d'avion, homme d'action, chargé du transport du courrier en Afrique du Nord et plus tard en Amérique du Sud, capitaine au front pendant la guerre, Saint-Ex, comme l'appelait ses amis, écrivait des expériences vécues. Un de ses derniers récits, *Le Petit Prince,* fut écrit pendant les années 1942–43 et fut publié aux États-Unis en 1943 et quelques ans plus tard en France. En 1944 Saint-Exupéry fut porté disparu au cours d'une mission aérienne en France. On ne retrouva jamais ni corps ni avion.

Dans le troisième domaine, vous participerez à l'aventure de l'auteur. Nous savons que Saint-Exupéry écrivait ses propres expériences. Comme pilote en Afrique

du Nord, il volait au-dessus du désert. Son avion s'écrasa vraiment dans le désert du Sahara. Nous avons un récit passionnant de cette expérience dans son livre *Terre des Hommes (Wind, Sand and Stars).* Après avoir erré plusieurs jours, près de la mort, il fut sauvé comme par miracle par des nomades du désert.

Tout en racontant ses expériences vécues, Saint-Exupéry écrivait aussi sur les individus avec qui il travaillait ou avec qui il prenait contact. Il écrivait sur des hommes courageux morts dans le service, sur d'autres hommes miraculeusement sauvés. Maintenant nous avons le récit d'une nouvelle aventure et d'un nouveau personnage. Maintenant l'auteur nous écrit l'histoire du *Petit Prince.* Qui est-il? Il ne ressemble pas aux autres personnes que l'auteur a décrites. Est-il un des êtres humains rencontrés pendant ses expériences de pilote? Apparu dans le désert loin de toute habitation, pas du tout surpris d'y être, en pleine santé, il nous semble tellement différent des autres. À nous de réfléchir sur l'identité de ce petit personnage!

Et voilà où commence le quatrième domaine, celui de votre expérience personnelle de l'histoire. Vous partez dans une enquête à la découverte de vous-même. Vous trouverez que l'auteur, en traitant d'idées très importantes pour lui, a visé des questions et des philosophies qui nous intéressent également beaucoup. Au cours de notre lecture, nous réfléchirons sur nous-mêmes et sur le monde dans lequel nous vivons. Le petit prince cherche un ami, il cherche l'amour. Ne cherchons-nous pas des amis, ne cherchons-nous pas l'amour? Savons-nous quelles sont nos responsabilités envers ceux que nous aimons? Pouvons-nous rester seuls parmi les hommes? Le petit prince s'occupe soigneusement de la «toilette» de sa planète. Ne nous inquiétons-nous pas du bien-être de notre planète Terre? Le petit prince ne pense pas avoir beaucoup de temps. Ne sommes-nous pas bousculés par la vitesse de notre mode de vie?

Le petit prince et Saint-Exupéry ont beaucoup appris ensemble, sur l'amitié et sur la façon de vivre dans le monde. Et vous? Il est bien possible que vous finissiez par les aimer tous les deux, par trouver en eux des amis. Il est bien possible que vous finissiez par éclaircir et formuler votre propre philosophie de la vie. En découvrant le petit prince l'auteur semble se découvrir lui-même. Ce livre est un moyen pour vous aussi de mieux vous connaître.

Puis posez-vous ces dernières questions alors que vous lisez et discutez l'histoire du *Petit Prince.* Cette histoire n'est-elle que fiction ou contient-elle quelque chose de réel? Qui est le petit prince? Pourquoi l'auteur, Antoine de Saint-Exupéry, a-t-il voulu raconter cette histoire? En ce qui concerne cette dernière question, soyez sûr(e) qu'il l'a écrite pour vous personnellement.

Le Petit Prince — Chapitre 1

Nom ________________________ Date ______________

Enrichissez votre vocabulaire...

la Forêt Vierge	the Virgin Forest	*un peintre*	a painter
avaler	to swallow	*j'ai dû*	I had to
un fauve	a wild beast	*un métier*	a trade
la proie	the prey	*voler*	to fly
mâcher	to chew	*un coup d'œil*	a glance
bouger	to move, budge, stir	*s'égarer*	to get lost, wander away
un dessin	a drawing	*un tas*	a pile, a lot
un chef-d'œuvre	a masterpiece	*améliorer*	to improve, get better
afin que	so that	*une étoile*	a star
conseiller	to advise	*se mettre à la portée de*	to come down to the level of
le calcul	(the) arithmetic		

A découvrir...

Répondez par écrit à ces questions. Après, discutez-les avec toute la classe.

1. Quels étaient le premier dessin et le deuxième dessin de Saint-Exupéry?

Le premier dessin était un serpent boa en train de digérer un éléphant. Le deuxième dessin était comme le premier, mais il montrait en même temps l'éléphant à l'intérieur du serpent.

Notez: Il avait toujours gardé son dessin original de l'éléphant dans le boa, peut-être le symbole de sa vue personnelle d'une vérité universelle. L'auteur va prendre comme thème important dans cette œuvre des choses d'une inestimable valeur qui sont toujours cachées à l'œil. Il continue de montrer son dessin aux gens qui peuvent reconnaître sa vraie valeur. Mais quand il rencontre leur incompréhension, il met son trésor doucement de côté.

Nom ______________________ Date ______________

2. Pourquoi avait-il fait ce deuxième dessin?

Il avait fait le deuxième dessin pour expliquer aux grandes personnes le premier dessin qu'ils n'avaient pas compris.

3. Pourquoi l'auteur n'a-t-il pas pu embrasser la carrière de peintre?

Il avait été découragé par l'insuccès de ses deux dessins auprès des grandes personnes. Ils lui ont conseillé de laisser de côté ses dessins et de se concentrer plutôt sur des sujets plus raisonnables comme la géographie, l'histoire, le calcul et la grammaire. (Et il a donc été obligé de choisir le métier de pilote.)

Notez: L'auteur utilise un ton ironique quand il dit qu'il était obligé de choisir un autre métier, celui de pilote. Nous savons tout de même qu'il aimait passionnément les avions et le métier de pilote. Notez quand-même jusqu'à quel point nous pouvons être influencés par les mots d'autrui quand nous sommes petits. Saint-Exupéry a été découragé par les grandes personnes de faire ses dessins et par contre encouragé à poursuivre ses études.

4. Qu'est-ce qui empêche les adultes d'apprécier la façon de penser d'un enfant?

Saint-Exupéry dit que les adultes ont toujours besoin d'explications. Ils semblent avoir perdu le sens et le goût de l'imagination—le domaine de l'enfance. Peut-être qu'ils prennent la vie trop au sérieux, et eux-mêmes aussi, pour pouvoir considérer comme importantes les idées et les réflexions des enfants.

5. De quelle façon les enfants commencent-ils à penser comme des grands?

C'est peut-être parce que, comme dit l'auteur, c'est tellement fatigant de toujours donner des explications aux adultes. On finit par parler de ce qui intéresse les grands, comme c'est le seul moyen de pouvoir communiquer avec eux. Comme il y a le désir d'être accepté dans le monde des grands, les enfants oublient peu à peu leurs premières passions et le pays de l'imagination à force de ne plus s'exercer dans ces domaines.

Nom ________________________ Date ______________

6. Donnez un exemple où vous pensez comme un enfant. Comme un grand.

***(Réponse personnelle)* Je pense comme un enfant quand je vois des images dans les nuages, quand j'imagine que j'ai un ami invisible... Je pense comme un grand quand je me discipline à travailler pendant des heures, quand je compte mon argent...**

Notez: Peut-être que des étudiants noteront déjà que, bien sûr, il existe des qualités d'adulte et d'enfant dans chacun de nous. Ce pourrait être, par exemple, un de nos parents qui nous encourage à trouver des images dans les nuages.

7. Indiquez une citation qui vous semble importante, intéressante, touchante ou amusante.

(Au choix)

Contrôle grammatical

Le Passé composé et l'imparfait

1. Quels sont les deux éléments qui composent le passé composé?

Il y a le verbe auxiliaire et le participe passé.

2. Quel est le verbe auxiliaire utilisé et quelles sont les règles pour l'accord du participe passé avec

a. les verbes transitifs

Le verbe auxiliaire est *avoir.* Le participe passé s'accorde avec l'objet direct quand l'objet direct précède le verbe: *Voici la cravate qu'il a achetée.* (Mais: *Il a acheté une cravate.*)

Notez: Un verbe transitif est un verbe qui est capable d'avoir un objet direct.

b. les verbes intransitifs

Le verbe auxiliaire est *être*. Le participe passé s'accorde avec le sujet: *Elles sont parties*.
Notez: Un verbe intransitif est incapable d'avoir un objet direct.

c. les verbes réfléchis

Le verbe auxiliaire est *être*. Le participe passé s'accorde avec l'objet direct quand l'objet direct précède le verbe: *Elle s'est lavée*. (Mais: *Elle s'est lavé les mains*.)
Notez: Un verbe réfléchi est un verbe dont l'action est réfléchie sur le sujet.

3. Comment l'imparfait est-il formé?

Prenez la racine de la forme du verbe à la première personne du pluriel du présent. Ajoutez les terminaisons *-ais, -ais, -ait, -ions, -iez, -aient*. La seule exception est le verbe *être*, dont la racine est *ét-*: *étais, étais, était*, etc.

4. Révisez les règles pour l'usage du passé composé et de l'imparfait. Écrivez-les ici.

Le Passé composé	L'Imparfait
Le passé composé est utilisé pour exprimer une action simple dans le passé.	**L'imparfait est utilisé pour exprimer** **a. une action qui continue dans le passé** **b. une action répétée ou habituelle dans le passé** **c. la description dans le passé** **d. une action qui se passe dans le passé quand une autre action arrive**

Nom ______________________ Date ______________

5. Trouvez dans le texte en indiquant à quel usage il se conforme

   a. deux verbes au passé composé

   (Entre autres) **j'ai vu, j'ai... réfléchi, elles m'ont répondu, j'ai... appris (des actions simples dans le passé)**

   b. deux verbes à l'imparfait

   (Entre autres) **un serpent boa qui digérait un éléphant (une action qui continue dans le passé), quand j'en rencontrais une (une action répétée ou habituelle dans le passé), qui me paraissait un peu lucide (la description dans le passé)**

Nom ______________________ Date ______________

Enrichissez votre vocabulaire…

une panne	a breakdown	*la faute*	the fault
à peine	hardly, scarcely	*sauf*	except
un(e) naufragé(e)	a shipwrecked person	*égaré(e)*	lost
s'endormir	to fall asleep	*doucement*	softly, gently
un radeau	a raft	*oser*	to dare
le lever du jour	(the) daybreak	*encombrant(e)*	encumbering
un mouton	a sheep	*un bélier*	a ram
sauter	to jump	*une corne*	a horn
la foudre	the lightning	*griffonner*	to scrawl, scribble
frotter	to rub	*une caisse*	a box, packing case
un bonhomme	a fellow	*dedans*	inside
ravissant(e)	delightful, entrancing	*pencher*	to lean, bend
l'étonnement (m)	the astonishment		

A découvrir…

Répondez par écrit à ces questions. Après, discutez-les avec toute la classe.

1. Où se trouve Saint-Exupéry? Dans quelles conditions?

Saint-Exupéry se trouve en plein milieu du désert du Sahara. Son avion est en panne. Il est seul. Il va essayer de réparer l'avion. Il a de l'eau pour une semaine. Il risque de mourir.

Nom ______________________ Date ______________

2. Saint-Exupéry est étonné par la présence d'un petit bonhomme à mille milles de toute région habitée. Qu'est-ce qu'il y a d'étrange dans son comportement?

Il ne semble pas se rendre compte des dangers du désert. Il ne semble ni perdu, ni fatigué, ni mort de soif, de faim ou de peur.

3. Qu'est-ce que ce petit bonhomme tout à fait extraordinaire lui demande?

Il demande que l'auteur lui dessine un mouton.

4. Saint-Exupéry ne peut pas répondre facilement aux désirs du petit prince. Expliquez pourquoi.

Il lui est difficile de dessiner, puisqu'il avait été découragé dans sa carrière de peintre à l'âge de six ans.

5. Quel est le premier dessin que fait Saint-Exupéry?

Il fait un dessin du boa fermé.

Notez: L'auteur dit qu'il avait vécu à part, sans pouvoir vraiment parler avec d'autres personnes. Quand le petit prince reconnaît que c'est le dessin de l'éléphant caché dans le boa, c'est un moment extraordinaire: il a trouvé quelqu'un qui pense comme lui, qui reconnaît la vérité des choses, même la vérité des choses dissimulées. L'éléphant caché dans le boa peut donc être une simple métaphore de l'idée de ce qui est important nous ne le voyons pas. Les élèves peuvent-ils trouver d'autres métaphores pareilles? (La perle dans l'huître, par exemple.)

6. Saint-Exupéry dessine trois moutons qui ne plaisent pas au petit prince. Quelle solution trouve-t-il finalement?

Il dessine une caisse et dit au petit prince que le mouton qu'il désire est à l'intérieur.

Notez: Même le mouton que veut le petit prince est caché dans une boîte. Nous ne pouvons pas le voir avec les yeux.

Nom ______________________ Date ______________

7. Trouvez deux exemples où le petit bonhomme montre qu'il a la mentalité d'un enfant.

Il comprend tout de suite le dessin de l'auteur du boa fermé. Il voit non seulement le mouton à l'intérieur de la caisse, mais il remarque aussi qu'il s'est endormi. Il lui semble que l'un des moutons dessinés par l'auteur est vieux, l'autre est malade. Il confond l'usage du *tu* et du *vous*, une erreur faite par tous les petits enfants francophones: «S'il *vous* plaît… *dessine*-moi un mouton!» Il répète jusqu'à ce qu'il ait une réponse. Il ne répond pas aux questions qui lui sont posées.

8. Trouvez un exemple où Saint-Exupéry montre qu'il n'a pas perdu son âme d'enfant, c'est-à-dire une certaine approche des choses par les enfants.

Il montre tout de suite au petit prince son dessin du boa fermé. Il finit par dessiner une caisse en disant au petit prince que le mouton qu'il veut est à l'intérieur.
Notez: Voici donc les premières indications d'un thème qui va se répéter pendant tout le récit de l'auteur: les choses importantes, même précieuses, sont cachées à l'intérieur, invisibles aux yeux. Ce ne sera qu'avec la pureté d'une âme d'enfant que l'on pourra reconnaître et savoir les vérités de l'univers.

9. De qui donc Saint-Exupéry a-t-il fait la connaissance?

Il a fait la connaissance du petit prince.

10. Quelles seraient vos réactions si vous vous trouviez seul(e) dans le désert dans les mêmes conditions que Saint-Exupéry? Est-ce que les réactions de Saint-Exupéry ou du petit prince vous semblent normales?

***(Réponse personnelle)* J'aurais peur. Peut-être que je me mettrais en marche dans l'espoir de trouver de l'eau ou une habitation. Si j'étais courageux (-se), ou expérimenté(e), je réagirais comme Saint-Exupéry: je ferais une évaluation de la situation, je me mettrais à la réparation de l'avion. Les réactions de Saint-Exupéry me semblent plus normales que celles du petit prince.**

Nom ________________________ Date ______________

11. Indiquez une citation qui vous semble importante, intéressante, touchante ou amusante.

(Au choix)

Contrôle grammatical

Le Passé simple

1. Écrivez ici les formes régulières du passé simple des verbes *répéter, finir* et *rendre.*

je répétai	je finis	je rendis
tu répétas	tu finis	tu rendis
il répéta	il finit	il rendit
nous répétâmes	nous finîmes	nous rendîmes
vous répétâtes	vous finîtes	vous rendîtes
elles répétèrent	elles finirent	elles rendirent

2. Notez ici les formes irrégulières du passé simple des verbes *avoir, être* et *faire.*

j'eus	je fus	je fis
tu eus	tu fus	tu fis
elle eut	elle fut	elle fit
nous eûmes	nous fûmes	nous fîmes
vous eûtes	vous fûtes	vous fîtes
ils eurent	ils furent	ils firent

Nom ______________________ Date ______________

3. Trouvez dans le texte

   a. un verbe au passé simple de chacune des trois catégories des verbes réguliers (*-er, -ir, -re*)

   -er: il me répéta, il regarda, je dessinai, je griffonai, je lançai, il pencha; -ir: je réussis; -re: il me répondit, mon ami sourit

   b. une forme de chacun des verbes irréguliers *faire* et *être*

   faire: je refis, je fis; être: je fus, il fut

Résumé

Résumez, dans vos propres paroles, l'essentiel de ce qui s'est passé dans ce chapitre. Écrivez une douzaine de lignes. Discutez vos idées en classe avant de commencer. Notez-les ici.

Un résumé doit comprendre les éléments suivants de l'histoire: les conditions dans lesquelles l'auteur se trouve dans le désert; l'apparition d'un petit bonhomme qui ne semble point égaré; sa demande à Saint-Exupéry de lui dessiner un mouton; le fait que le petit prince comprend le premier dessin de l'auteur; la difficulté que Saint-Exupéry a à dessiner autre chose; la solution qu'il trouve et les réactions favorables du petit bonhomme; et souligner que c'est ainsi que l'auteur a fait la connaissance du petit prince.

Le Petit Prince | Chapitre 3

Nom ______________________ Date ______________

Enrichissez votre vocabulaire…

voler	to fly	*hocher*	to shake, nod
fier, fière	proud	*là-dessus*	on that
un éclat de rire	a burst of laughter	*s'enfoncer*	to sink, plunge
prendre au sérieux	to take seriously	*se plonger*	to immerse oneself
un malheur	a misfortune	*un trésor*	a treasure
ajouter	to add	*en savoir plus long*	to know more about
entrevoir	to glimpse	*un piquet*	a stake
aussitôt	at once, immediately	*choquer*	to shock
une lueur	a glimmer, gleam		

A découvrir…

Répondez par écrit à ces questions. Après, discutez-les avec toute la classe.

1. Pourquoi a-t-il fallu longtemps à Saint-Exupéry pour comprendre d'où venait le petit prince?

   Il ne semblait pas entendre les questions de Saint-Exupéry et n'y répondait pas.

2. Le petit prince demande si l'auteur est tombé du ciel. Saint-Exupéry dit qu'il répond «oui…modestement». Est-il vraiment modeste? Trouvez un autre adjectif dans ce passage qui reflète mieux ses sentiments en tant que pilote d'avion.

   Non, il n'est pas modeste. L'adjectif «fier» reflète mieux ses sentiments.

Nom ______________________ Date ______________

3. Que veut dire Saint-Exupéry quand il dit qu'il est *tombé* du ciel?

   Il est pilote d'avion et c'est son avion qui est tombé du ciel.

4. Tombé du ciel avec son avion, que comprend le petit prince?

   Il pense que Saint-Exupéry est venu d'une autre planète.

5. Avez-vous une idée d'où vient le petit prince? Imaginez une possibilité.

   ***(Réponse personnelle)* Vient-il peut-être d'une autre planète? Il est très intéressé par l'idée que Saint-Exupéry est aussi venu du ciel. Il semble quand même parler la même langue que l'auteur.**

6. Lequel des deux personnages s'intéresse le plus à l'autre? Trouvez-vous normale cette relation entre un adulte et un enfant? Expliquez.

   Le petit prince pose des questions sur ce qui l'intéresse; il ne semble pas entendre celles de l'auteur: elles n'ont pas d'importance pour lui. Cette relation entre un adulte et un enfant est peut-être normale. Un enfant serait plus égocentrique tandis que c'est le rôle d'un adulte de s'occuper d'un enfant. Un adulte voudrait aussi comprendre les événements qui se passent autour de lui.

7. D'après vous, pourquoi le petit prince pourrait-il ressentir de la mélancolie?

   ***(Réponse personnelle)* Il n'est peut-être pas entièrement content chez lui; y penser le rend mélancolique. Est-ce trop petit «chez lui»?**

Nom ______________________ Date ______________

8. Notez au moins trois sentiments que vous ressentez personnellement après avoir lu le passage sur les rêveries et sur la mélancolie du petit prince.

(Réponse personnelle) **Je ressens de la curiosité. À quoi pense-t-il après avoir remarqué que l'on ne peut pas venir de loin dans un avion? À quoi pense-t-il en contemplant le dessin du mouton? On ne comprend pas exactement pourquoi il rit. Je ressens un certain malaise. Pourquoi ne répondit-il pas aux questions de l'auteur quand il lui demande d'où il vient? Je suis touché(e) par son imagination enfantine: la caisse pourra servir de maison pour le mouton. Mais finalement, après avoir lu le passage sur les rêveries et sur la mélancolie du petit prince, je ressens aussi une certaine tristesse et une certaine mélancolie: il semble avoir quelque chose qui ne va pas.**

9. Indiquez une citation qui vous semble importante, intéressante, touchante ou amusante.

(Au choix)

Contrôle grammatical

Le Subjonctif

A. Le subjonctif est le mode de l'incertitude et de l'émotion.

B. Les verbes au subjonctif sont en général utilisés dans une proposition subordonnée et liés à la proposition principale par le mot *que.*

C. Pour pouvoir utiliser le subjonctif, le sujet de la proposition subordonnée doit être différent du sujet de la proposition principale.

1. Comment le présent du subjonctif est-il formé?

Prenez la racine de la première personne du pluriel du présent de l'indicatif. Ajoutez les terminaisons *-e, -es, -e, -ions, -iez, -ent.*

Nom ______________________ Date ______________

2. Notez ici les catégories de verbes ou expressions dans une proposition principale qui exigera l'usage du subjonctif dans la proposition subordonnée (but, vouloir, etc.).

Doute | **But**
Volonté/désir | **Sentiment/émotion**
Possibilité | **Pensée/déclaration***
Nécessité | **Antécédent indéfini**
Jugement | **Superlatif**

***Quand c'est interrogatif ou négatif, mais pas les deux.**

Notez: Vous avez ici une possibilité pour apprendre les usages du subjonctif: il y a, bien sûr, d'autres façons de les appréhender.

3. Trouvez dans le texte deux verbes au subjonctif. (Les deux sont irréguliers.) Pourquoi sont-ils utilisés?

«Je désire que l'on *prenne* mes malheurs au sérieux.» (Volonté/désir)

«Mais où veux-tu qu'il *aille*?» (Volonté/désir, ou même pensée/déclaration)

Résumé

Écrivez un résumé de dix à quatorze phrases sur ce qui s'est passé dans ce chapitre. Discutez vos idées en classe avant de commencer. Notez-les ici.

Un résumé doit comprendre les éléments suivants de l'histoire: comme le petit prince ne répond pas aux questions de Saint-Exupéry, ce n'est que peu à peu que l'auteur apprend des choses sur lui; l'avion, la fierté d'être le pilote; le malentendu quand le petit prince pense que Saint-Ex est venu du ciel, là on devine que le petit prince vient peut-être d'une autre planète; la caisse pourra servir de maison au mouton; le petit prince n'aura pas besoin d'une corde ou d'un piquet pour le mouton car c'est très petit chez lui; le petit prince est mélancolique; on note un certain malaise car il semble préoccupé par quelque chose qu'il ne dit pas.

Nom ______________________ Date ______________

____

____

____

____

____

Le Petit Prince — Chapitre 4

Nom ______________________ Date ______________

Enrichissez votre vocabulaire...

étonner	to astonish, surprise	*convaincu(e)*	convinced
en dehors de	outside of	*en vouloir à*	to hold a grudge against
auxquelles	to whom, to which	*se moquer de*	not to care
turc, turque	Turkish	*une conte de fées*	a fairy tale
la peine de mort	the death penalty	*il était une fois*	once upon a time
un avis	an opinion	*à la légère*	lightly
le chiffre	the figure (number)	*je puis*	var. *je peux,* I can
un papillon	a butterfly	*se tromper*	to be mistaken
peser	to weigh	*la taille*	the size
une colombe	a dove	*tâtonner*	to grope
le toit	the roof	*dû*	past part. *devoir,* must
s'écrier	to exclaim	*j'ai dû*	I must have
hausser les épaules	to shrug one's shoulders	*vieillir*	to grow old
traiter de	to call (a name)		

A découvrir...

Répondez par écrit à ces questions. Après, discutez-les avec toute la classe.

1. Qui était la seule personne à avoir aperçu la petite planète du petit prince?

   L'astéroïde B 612 était aperçu par un astronome turc.

Nom ______________________ Date ______________

2. Personne n'a accepté la valeur de la démonstration de sa découverte de l'astéroïde B 612. Comment le turc a-t-il pu finalement convaincre tout le monde de sa découverte?

Ayant changé ses vêtements turcs en vêtements européens, les gens ont accepté la valeur de sa démonstration.

3. Quelle leçon pouvons-nous tirer de l'histoire de l'astronome turc? Donnez un exemple dans le monde d'aujourd'hui qui peut illustrer cette leçon.

(Réponse personnelle) **Il y a une tendance à juger les autres selon les apparences. Justement nous les jugeons par leur façon de s'habiller. Nous jugeons les autres plus ou moins acceptables selon leurs possessions qui nous plaisent ou qui ne nous plaisent pas.**

Notez: Il y a un dicton français, «L'habit ne fait pas le moine», aussi bien qu'une sentence morale, «Il ne faut pas juger les gens sur la mine».

4. Que les grandes personnes parlent des astéroïdes, des amis ou des maisons, qu'est-ce qu'elles aiment utiliser pour les décrire?

Elles aiment utiliser les chiffres.

5. L'auteur aime mieux décrire le petit prince en disant «qu'il était ravissant, qu'il riait, et qu'il voulait un mouton». Essayez de penser comme Saint-Exupéry et, avec trois pensées, décrivez un(e) ami(e) à vous en insistant sur ses qualités d'une façon poétique.

(Réponse personnelle) **Elle semblait rêver les yeux ouverts, elle adorait les petits chiens, et elle désirait voyager au delà de l'océan.**

6. Quel nouveau fait apprenons-nous du petit prince quand nous lisons les premières lignes d'ouverture que Saint-Exupéry aurait préférées?

Nous apprenons qu'il avait besoin d'un ami.

Nom ______________________ Date ______________

7. Pourquoi Saint-Ex a-t-il du mal à raconter ses souvenirs?

   Son ami est parti il y a six ans.

8. Pourquoi insiste-t-il quand même pour les raconter?

   Il serait triste d'oublier un ami. Il nous raconte ses souvenirs afin de ne pas les oublier.

9. Donnez un exemple personnel d'un souvenir triste que l'on ne veut pas oublier. Pourquoi ne voulons-nous pas toujours oublier certains souvenirs pénibles?

   (Réponse personnelle) **La perte ou la mort d'une personne ou d'un animal peut être pénible, mais le souvenir nous rappelle aussi la douceur de l'avoir connu.**

10. Saint-Exupéry dit qu'il est peut-être un peu comme les grandes personnes. Et nous? Que pensez-vous? Donnez un exemple. Quels sentiments éprouvez-vous en pensant que vous ressemblez aux grandes personnes?

    (Réponse personnelle) **Oui, nous sommes un peu comme les grandes personnes. Nous pouvons oublier ce qu'il y a de vraiment important dans le monde, comme les amis, et nous intéresser plutôt aux chiffres et aux soucis matériels. Nous avons aussi perdu une partie de notre confiance naturelle dans nos capacités et une partie de notre imagination.**
    Notez: L'auteur quand-même nous encourage à être très indulgents envers les grandes personnes. Il ne faut jamais oublier la compassion, la compréhension, le pardon, la tendresse, l'affection. Nous sommes tous de véritables enfants. Non seulement devons-nous être indulgents envers les autres, mais de la même façon envers nous-mêmes, envers cette partie adulte qui chez nous prend la vie tellement au sérieux!

Nom ______________________ Date ______________

11. Indiquez une citation qui vous semble importante, intéressante, touchante ou amusante.

(Au choix)

Contrôle grammatical

Le Futur

1. Comment formez-vous le futur? Notez ici les terminaisons des verbes au futur.

Ajoutez les terminaisons à l'infinitif des verbes en *-er* et *-ir*. Laissez tomber le e de l'infinitif des verbes en *-re*. Les terminaisons sont *-ai, -as, -a, -ons, -ez, -ont*.

2. Donnez le radical irrégulier pour chacun des verbes suivants: *aller, avoir, être, faire, pouvoir, savoir, venir, vouloir, voir* et *falloir*. (Notez que, comme le radical régulier de l'infinitif, ces radicaux irréguliers se terminent aussi avec un *r*.)

aller	**ir-**	**savoir**	**saur-**
avoir	**aur-**	**venir**	**viendr-**
être	**ser-**	**vouloir**	**voudr-**
faire	**fer-**	**voir**	**verr-**
pouvoir	**pourr-**	**falloir**	**faudr-**

Nom ____________________ Date ____________

3. Trouvez dans le texte

   a. trois verbes réguliers au futur

   elles hausseront, elles…vous traiteront, elles vous laisseront, je me tromperai

   b. deux verbes irréguliers au futur

   elles seront, il faudra, je serai

Le Petit Prince — Chapitre 5

Nom ______________________ Date ______________

Enrichissez votre vocabulaire…

grâce à	thanks to	*arracher*	to uproot, pull up
un doute	a doubt	*aussitôt*	at once, immediately
un arbuste	a bush, shrub	*se débarrasser de*	to get rid of
ajouter	to add	*encombrer*	to encumber, overcrowd
venir à bout	to get the better of	*éclater*	to burst
la sagesse	the wisdom	*soigneusement*	carefully
s'agir de	to be a question of	*s'astreindre*	to force oneself
une mauvaise herbe	a weed	*ne…guère*	hardly, not much
s'étirer	to stretch (oneself)	*avertir*	to warn
pousser	to push, grow	*frôler*	to graze, brush against
une brindille	a sprig		

A découvrir…

Répondez par écrit à ces questions. Après, discutez-les avec toute la classe.

1. Quelle plante menace l'existence de la planète du petit prince?

   Ce sont les baobabs qui menacent l'existence de la planète du petit prince.

2. Pourquoi le petit prince voulait-il un mouton?

   Il voulait un mouton pour manger les petits baobabs.

Nom ______________________ Date ____________

3. Le mouton représente une solution simple au problème des baobabs. Mais il y a certaines qualités personnelles de l'individu qui servent à résoudre des problèmes difficiles. Quelle qualité est mentionnée par le petit prince?

   Il mentionne la discipline.

   Notez: On peut poser encore une question: Selon les paroles du petit prince, que s'est donc peut-être passé avec la planète habitée par le paresseux qui avait négligé les trois arbustes? Notez aussi: On peut discuter davantage la question de la discipline. Est-elle tellement importante? Que pensez-vous de l'idée que la liberté vient de la discipline?

4. Donnez encore deux qualités personnelles qui vous semblent importantes pour résoudre des problèmes.

   ***(Réponse personnelle)* La patience, l'intelligence, la compréhension, l'imagination, la diligence et la responsabilité sont des qualités personnelles qui seraient importantes dans la résolution des problèmes.**

5. Indiquez une citation qui vous semble importante, intéressante, touchante ou amusante.

   (Au choix)

Nom ______________________ Date ______________

Contrôle grammatical

Le Passé simple, le subjonctif (révision)

Trouvez dans le texte

a. quatre verbes irréguliers au passé simple en indiquant l'infinitif de chacun

je connu—connaître; ce fut—être; je ne compris pas—comprendre; je fis—faire; il me fallut—falloir

b. un verbe au subjonctif utilisé après une expression de volonté ou de désir

«Mais pourquoi veux-tu que les moutons *mangent* les petits baobabs?»

Notez: Il y a un exemple de l'imparfait du subjonctif dans «Je ne compris pas pourquoi il était si important que les moutons mangeassent *les arbustes» (jugement) et un autre exemple du subjonctif dans «Elles dorment dans le secret de la terre jusqu'à ce qu'il* prenne *fantaisie à l'une d'elles de se réveiller» (après une expression adverbiale de temps).*

Rédaction

Saint-Exupéry veut nous avertir des dangers qui menacent la vie. Choisissez un danger qui menace notre vie sur notre planète. Trouvez des parallèles entre ce que Saint-Exupéry raconte sur la planète du petit prince et ce qui existe sur la planète Terre. Considérez ce que peut représenter, entre autres, les bonnes graines et les mauvaises graines, les bonnes herbes et les mauvaises herbes, les baobabs, le sol infesté de la planète, sa menace globale, notre rôle dans la «toilette» de la planète (ce qui nous amènera à trouver une solution) et l'urgence de nous en occuper.

Écrivez une rédaction de cinq paragraphes de cinq à huit phrases chacun. Le premier paragraphe servira comme introduction au sujet et aux idées que vous voulez traiter. Continuez avec trois paragraphes pour développer votre thème. Soutenez votre point de vue avec ce que vous avez lu dans le texte et votre interprétation la-dessus. Votre rédaction doit comporter aussi, bien sûr, vos idées et vos réflexions personnelles. Utilisez le cinquième paragraphe pour donner la conclusion

Nom ______________________ Date ______________

que vous tirez de vos observations. Évitez de longues citations du texte; il est mieux de les exprimer dans vos propres mots. Un bon titre original, qui reflète le contenu de votre composition, est indispensable.

Discutez vos idées en classe avant de commencer. Notez-les ici.

Des sujets que les élèves pourraient choisir sont la pollution, les armes nucléaires, la haine, l'avarice, la faim, l'ignorance, la guerre. Les bonnes graines et les mauvaises graines peuvent représenter de bonnes et de mauvaises idées ou pensées. Les bonnes herbes et les mauvaises herbes pourraient être ces idées et ces pensées sous une forme plus développée, qui se manifestent comme des événements dans le monde. Les baobabs pourraient être les problèmes dans le monde qui sont devenus tellement gros que l'on désespère de trouver des solutions. Le sol infesté pourrait insister sur les innombrables situations qui existent dans le pouvoir de l'homme de créer qui n'aboutiraient qu'au malheur. «Faire sa toilette tous les matins» pourrait être d'abord le procédé de contempler nos pensées afin d'enlever, ou d'«arracher», celles qui sont mauvaises. «Faire sa toilette» peut aussi vouloir dire que nous jugeons nos actions pour vérifier si nous sommes sur la bonne voie ou si nous devons changer notre comportement. «Faire sa toilette» se rapporte aussi à notre responsabilité de veiller sur ce qui se passe dans le monde et d'agir pour changer les choses qui ne sont pas bonnes pour la santé des gens et de notre planète.

Le Petit Prince — Chapitres 6–7

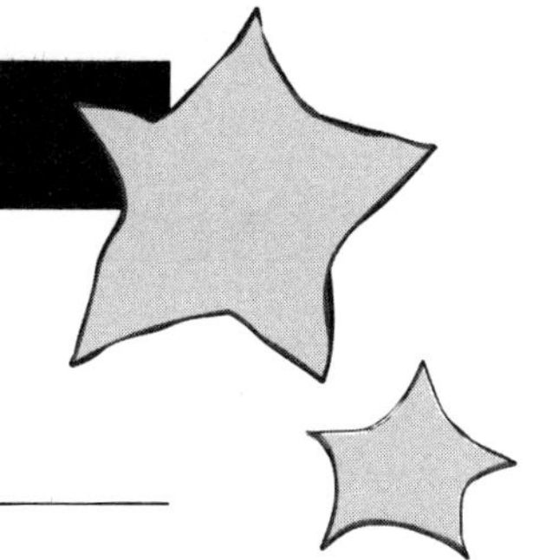

Nom ______________________ Date ______________

Enrichissez votre vocabulaire…

Chapitre 6

la douceur	the sweetness	*éloigné(e)*	far away
un coucher de soleil	a sunset	*le crépuscule*	(the) twilight
assister (à)	to be present (at)		

Chapitre 7

grâce à	thanks to	*mélanger*	to mix
une épine	a thorn	*un outil*	a tool
dévisser	to unscrew	*secouer*	to shake
un boulon	a bolt	*cramoisi(e)*	crimson
soucieux (-se)	concerned, anxious	*gonfler*	to swell
épuiser	to exhaust	*l'orgueil* (m)	(the) pride
la méchanceté	(the) spite	*anéantir*	to destroy
la rancune	(the) resentfulness	*s'éteindre*	to go out, be extinguished
un marteau	a hammer	*éclater*	to burst
déranger	to disturb	*un sanglot*	a sob
le cambouis	(the) engine grease	*lâcher*	to let go of, drop
pencher	to bend	*se moquer*	not to care
la honte	(the) shame		

Nom ______________________ Date ______________

A découvrir…

Répondez par écrit à ces questions. Après, discutez-les avec toute la classe.

Chapitre 6

1. Quelle était la seule distraction du petit prince sur sa planète?

   La seule distraction du petit prince était la douceur des couchers de soleil.

2. Sur la Terre, quand il est midi aux États-Unis, le soleil se couche sur la France. Comme la planète du petit prince était bien plus petite que la Terre, il pouvait voir un coucher de soleil plusieurs fois par jour, chaque fois qu'il le désirait. Comment pouvait-il faire ceci?

   Il n'avait qu'à déplacer sa chaise de quelques pas pour voir encore un coucher de soleil.

3. Selon le petit prince, quand on est triste, on aime les couchers de soleil. Il a même, lui, regardé quarante-quatre couchers de soleil en un seul jour. Donnez une ou deux possibilités qui pourraient expliquer pourquoi il était tellement triste.

   C'était très petit chez le petit prince (chapitre 4). Il avait besoin d'un ami (chapitre 4). Le sol de sa planète était infesté de graines de baobabs (chapitre 5). Il n'y avait pas de distraction à part les couchers de soleil (chapitre 6).

   Notez: Nous allons voir, bien sûr, qu'il y aura encore des problèmes chez le petit prince dans les chapitres suivants. On doit faire remarquer aux élèves que la source de cette tristesse est probablement liée à celle de la mélancolie que nous avons déjà notée dans le chapitre 3.

4. Est-ce que vous aimeriez regarder un coucher de soleil si vous étiez triste? Expliquez pourquoi.

   ***(Réponse personnelle)* Oui, j'aimerais regarder un coucher de soleil si j'étais triste. Quand on regarde un coucher de soleil, tout est calme, silencieux, beau, paisible./Non, je préférerais parler avec un(e) ami(e), pleurer tout seul, me promener.**

Nom ______________________ Date ______________

Chapitre 7

5. Grâce à Saint-Exupéry, le petit prince a un mouton pour manger les arbustes. De quoi s'inquiète-t-il maintenant?

   Il s'inquiète de ce que les moutons puissent manger les fleurs.

6. D'abord, Saint-Exupéry ne s'intéresse pas aux inquiétudes du petit prince. Quels autres problèmes préoccupent l'auteur?

   La panne semble très grave et il lui reste très peu d'eau.

7. Lequel des deux, Saint-Exupéry ou le petit prince, avait des soucis d'adulte? A-t-il changé d'avis? Expliquez.

   Saint-Exupéry avait des soucis d'adulte en s'occupant de la réparation de son avion et du manque de provision d'eau. L'auteur a changé d'avis en voyant la réaction du petit prince vis-à-vis de son manque d'intérêt et de compréhension envers les soucis du petit prince pour sa fleur.

8. Pourquoi les fleurs auraient-elles des épines?

   ***(Réponse personnelle)* Peut-être qu'elles auraient des épines pour se défendre contre les petites bêtes, les animaux, les gens, ou, comme dit le petit prince, pour se rassurer comme elles peuvent, pour qu'elles se croient terribles avec leurs épines.**

   Notez: Les fleurs voudraient-elles vraiment faire du mal aux autres par pure méchanceté? À discuter: Pourquoi donc existe-t-il la guerre des moutons et des fleurs? Pourquoi est-ce que les fleurs fabriquent des épines (qui ne servent à rien) et que les moutons mangent quand même les fleurs? (Pourquoi le mal existe-t-il dans le monde?)

Nom ______________________ Date ______________

9. Est-ce que nous avons des «épines», nous aussi? Expliquez.

(Réponse personnelle) **Oui, nous avons des «épines» aussi. Ce sont des paroles, des gestes qui nous «protègent» d'autrui./Non, nous sommes sans protection contre le monde, contre les autres.**

10. Pourquoi les «épines» ne servent-elles vraiment à rien?

(Réponse personnelle) **Elles ne sont pas vraiment assez fortes pour repousser les dangers. Ce n'est pas de cette façon que nous pouvons finalement nous défendre.**

11. La fleur est très importante pour le petit prince. De quelle chose, idée ou qualité la fleur pourrait-elle être le symbole?

Elle est le symbole de la personne qu'on aime, de l'ami(e), de quelque chose ou même d'un idéal de la plus grande importance.

12. Saint-Exupéry essayait de consoler le petit prince. Pourquoi est-ce qu'il se sentait très maladroit?

Il est difficile de communiquer avec quelqu'un qui pleure, de comprendre ce qui le rend si malheureux, de continuer à lui parler quand il ne répond pas à ce qu'on dit.

Notez: Vous pouvez discuter l'idée que le monde est tel que vous l'imaginez, tel que vous le voyez. Si le petit prince imagine que sa fleur est heureuse, lui aussi, il est heureux et il voit le monde comme un monde heureux. S'il imagine le contraire, lui et le monde deviennent malheureux.

Nom ______________________ Date ______________

13. Indiquez une citation qui vous semble importante, intéressante, touchante ou amusante.

(Au choix)

Contrôle grammatical

L'Imparfait (révision)

1. Comment forme-t-on les verbes à l'imparfait?

Prenez la racine de la forme du verbe à la première personne du pluriel au présent. Ajoutez les terminaisons *-ais, -ais, -ait, -ions, -iez, -aient.*

2. Écrivez ici les usages de l'imparfait.

L'imparfait est utilisé pour exprimer (a) une action qui continue dans le passé, (b) une action répétée ou habituelle dans le passé, (c) la description dans le passé et (d) une action qui se passe dans le passé quand une autre action arrive.

3. Trouvez dans le texte un verbe à l'imparfait pour trois de ces usages. Indiquez à quel usage chacun se conforme.

il te suffisait de tirer ta chaise (une action répétée ou habituelle dans le passé), tu étais donc tellement triste? (la description dans le passé), Je le berçais. (une action qui continue dans le passé)

Notez: Ne confondez pas l'imparfait avec le plus-que-parfait, où vous avez un verbe auxiliaire à l'imparfait suivi par un participe passé: La nuit était tombée. J'avais lâché mes outils.

Nom ______________________ Date ______________

Enrichissez votre vocabulaire...

orné(e)	adorned	*ombrageux (-se)*	touchy, oversensitive
un rang	a row	*une épine*	a thorn
déranger	to disturb	*une griffe*	a claw
germer	to sprout	*un paravent*	a folding screen
une brindille	a sprout	*un mensonge*	a lie
croître	to grow	*tousser*	to cough
un bouton	a bud	*infliger*	to inflict
le soin	(the) care	*le remords*	(the) remorse
à l'abri de	in the shelter of	*mettre dans son tort*	to put (someone) in the wrong
fripé(e)	rumpled	*malgré*	despite
un coquelicot	a (red, European) poppy	*la bonne volonté*	(the) goodwill
le rayonnement	(the) radiance	*j'aurais dû*	I should have
la toilette	the process of getting dressed	*embaumer*	to perfume
le lever du soleil	(the) sunrise	*se réjouir*	to be delighted
bâiller	to yawn	*agacer*	to irritate
décoiffer	to muss one's hair	*s'enfuir*	to run away
un arrosoir	a watering can		

Nom ______________________ Date ______________

A découvrir…

Répondez par écrit à ces questions. Après, discutez-les avec toute la classe.

1. Décrivez les fleurs très simples qui ont toujours été sur la planète du petit prince.

   Elles n'avaient qu'un seul rang de pétales, ne tenaient point de place et ne dérangeaient point personne. Elles ne vivaient qu'un seul jour.

2. En quoi les caractéristiques de la nouvelle fleur étaient-elles différentes de celles des fleurs originelles?

   On ne sait pas d'où venait la graine de cette fleur. La brindille ne ressemblait pas aux autres. Le développement de la fleur avant de s'épanouir durait longtemps parce qu'elle se préparait avec soin.

3. Résumez en quelques mots la préparation de la fleur avant de sortir de sa «chambre verte».

   La fleur prenait beaucoup de temps pour se préparer. Elle choisissait ses couleurs, elle ajustait ses pétales. Elle voulait être la plus belle possible.

4. En quoi la fleur était-elle exigeante? Donnez quelques exemples.

   Elle voulait que le petit prince s'occupe d'elle avec tout le respect et l'admiration dus à une créature exquise telle qu'elle l'était. Elle lui demandait de lui servir le petit déjeuner, de la mettre sous globe le soir et de la protéger des courants d'air avec un paravent.

   Notez: Les enfants sont souvent exigeants et contrariants dans leur comportement simplement parce qu'ils ont besoin d'attention. C'est leur moyen de dire «Aimez-moi». Est-ce peut-être ce que demande la fleur?

Nom ______________________ Date ______________

5. Notez au moins trois caractéristiques plutôt négatives de la fleur.

   Elle était vaine, exigeante, ombrageuse, égoïste, menteuse.

6. Notez au moins deux caractéristiques positives dans la personnalité de la fleur.

   Elle embaumait et éclairait la planète du petit prince, elle avait de la tendresse pour lui, elle était naïve (ce qui indique une certaine pureté d'esprit).

   Notez: Qu'elle soit ravissante ou intelligente ne peut pas figurer dans des caractéristiques de personnalité.

7. Selon la fleur, à quoi servaient ses épines? Que pensez-vous de son raisonnement?

   Ses griffes servaient à la protéger des tigres. Son raisonnement manquait de sagesse. Elle ne devait rien savoir des réalités de la vie.

8. Quelle est, maintenant, votre nouvelle idée de ce que représente la fleur?

   Elle peut représenter la femme, l'être aimé.

9. Le petit prince allait quitter la fleur parce qu'il avait pris au sérieux des mots sans importance. Selon le petit prince, qu'aurait-il dû faire pour mieux comprendre la fleur?

   Il aurait dû la regarder, la respirer, s'en réjouir, l'admirer, l'apprécier et ne pas l'avoir écoutée. «J'aurais dû la juger sur les actes et non sur les mots.» Il aurait dû reconnaître la tendresse qu'elle avait pour lui.

Nom ________________________ Date ______________

10. Donnez un exemple personnel où quelqu'un peut dire quelque chose (et peut-être quelque chose de désagréable) qui cache un autre message qui n'est pas exprimé mais qui est plus vrai. (On peut dire, par exemple, «Tu ne m'écoutes pas!» Le message caché est «Il m'est important que tu m'écoutes.»)

(Réponse personnelle) **Tu ne m'aimes pas. (Je voudrais que tu m'aimes.)**

Je te déteste. (Tu m'as blessé[e].)

Fais tes devoirs. (Je veux te voir réussir et être heureux [-se] dans le monde.)

Notez: À discuter: Combien de fois est-ce que nous interprétons mal ce que disent les autres, croyant que la langue est un moyen perfectionné de communication? Nous pouvons être presque têtus en insistant à n'écouter que les mots d'une personne, au lieu d'écouter son cœur, dont le message est tellement apparent.

11. D'après vous, est-ce que le petit prince a eu raison de quitter sa planète et sa fleur? Expliquez pourquoi.

(Réponse personnelle) **Non, le petit prince n'avait pas raison de les quitter. Il les avait abandonnées. Il aimait la fleur et elle l'aimait aussi. Il aurait dû rester avec elle. Il aurait dû continuer à s'occuper de sa planète./Oui. Il n'apprendra pas les secrets du bonheur dans les relations et dans la vie sans quitter sa planète pour les chercher ailleurs.**

12. Indiquez une citation qui vous semble importante, intéressante, touchante ou amusante.

(Au choix)

Nom ________________________ Date ______________

Contrôle grammatical

Le Participe présent, le plus-que-parfait

Le Participe présent

A. Le participe présent du verbe français est l'équivalent des verbes qui se terminent en *-ing* en anglais. Prenez le radical du présent de l'indicatif, à la première personne du pluriel (*nous*). Ajoutez la terminaison *-ant.*

nous donnons → donnant
nous finissons → finissant
nous buvons → buvant

B. Le participe présent est utilisé comme

1. nom: un(e) *croyant(e),* un(e) *passant(e)*
2. adjectif: un livre *amusant,* une histoire *amusante* (Notez l'accord.)
3. forme verbale: Elle est tombée en *traversant* la rue. (Ici il n'y a pas d'accord.)

C. Notez les participes présents irréguliers de ces trois verbes:

avoir → ayant   être → étant   savoir → sachant

1. Trouvez deux participes présents dans le texte et écrivez-les ici.

bâillant, émouvante, ayant, parlant

Le Plus-que-parfait

D. Le plus-que-parfait est formé de l'imparfait de l'auxiliaire (*avoir* ou *être*) plus le participe passé. Le plus-que-parfait exprime une action qui s'est passé avant une autre action dans le passé: Vous *aviez terminé* votre travail quand nous sommes arrivés.

E. Les verbes auxiliaires et l'accord du participe passé suivent les mêmes règles que pour le passé composé. (Voir vos réponses pour le **Contrôle grammatical** du chapitre 1.)

2. Trouvez dans le texte quatre verbes au plus-que-parfait et écrivez-les ici.

il y avait eu, celle-là avait germé, le petit prince avait surveillé, sa toilette mystérieuse avait duré, elle s'était montrée, etc.

Nom ______________________ Date ______________

Commentaire

Relisez la question numéro 9 et votre réponse. Relisez aussi les trois derniers paragraphes du chapitre. Dans une douzaine de lignes, discutez comment nous pourrions personnellement changer nos façons de penser pour mieux comprendre et apprécier la vraie valeur d'autrui.

Donnez plusieurs exemples pour illustrer vos idées. N'oubliez pas de bonnes phrases d'introduction et de conclusion. Un titre original, qui reflète le contenu de votre commentaire, est indispensable.

Discutez vos idées en classe avant d'écrire votre rédaction. Notez-les ici.

Un commentaire peut comprendre les idées suivantes:

Il ne faut pas toujours écouter les mots de quelqu'un. Il faut faire un effort pour reconnaître l'état d'esprit qui est la cause de certaines choses que l'on dit: c'est plutôt, par exemple, la peur, l'incertitude ou un manque de confiance en soi qui est au fond des paroles négatives aussi bien que des actions négatives.

On doit écouter avec le cœur.

Il faut donc savoir pardonner aux autres pour leurs mots prononcés dans des moments de faiblesse en reconnaissant que certaines paroles et certains comportements ne reflètent pas leur vraie nature. Nous espérerions être traités de la même façon.

Il faut faire attention. C'est selon nos jugements positifs ou négatifs d'autrui que nous nous rendons heureux ou malheureux.

Jugeons les personnes sur leurs actes plutôt que sur leurs mots.

Si l'on ne juge pas les autres trop vite, on se donne l'occasion de mieux les comprendre et de mieux les apprécier.

Quelquefois nos jugements, en décidant et en formant nos façons de nous comporter envers les autres, vont aussi inviter certaines réactions similaires venant de l'autre personne. Il est donc important que nous accueillions les autres avec un point de vue positif afin de leur donner une plus grande possibilité de montrer ce qu'il y a de meilleur chez eux.

Il faut toujours chercher et reconnaître ce qu'il y a à apprécier chez quelqu'un au lieu de chercher des choses à critiquer.

Il faut apprécier une personne pour ce qu'elle est au lieu d'attendre ou même d'exiger qu'elle soit différente.

Nous sommes tous contradictoires. Il faut savoir nous aimer nous-mêmes aussi bien que les autres.

Le Petit Prince	Chapitre 9

Nom ______________________ Date ______________

Enrichissez votre vocabulaire...

une évasion	an escape	*un rhume*	a cold
ramoner	to sweep (a chimney)	*sot(te)*	silly, foolish
soigneusement	carefully	*tâcher*	to try
commode	convenient	*la faute*	the fault
chauffer	to heat, warm up	*aucun(e)*	no, not any
éteint(e)	extinct	*être enrhumé(e)*	to have a cold
brûler	to burn	*une bête*	an animal
des ennuis (m)	troubles, worries	*une chenille*	a caterpillar
évidemment	obviously	*supporter*	to tolerate, stand
arracher	to uproot, pull up	*un papillon*	a butterfly
une pousse	a shoot, sprout	*craindre*	to fear
doux (-ce)	sweet	*traîner*	to drag, straggle
arroser	to sprinkle, water	*agaçant(e)*	annoying
à l'abri de	in the shelter of	*orgueilleux (-se)*	proud
tousser	to cough		

A découvrir...

Répondez par écrit à ces questions. Après, discutez-les avec toute la classe.

1. Qu'est-ce que le petit prince a fait pour mettre sa planète en ordre?

   Il a ramoné ses volcans, il a arraché toutes les pousses de baobabs qui restaient, il a arrosé la fleur. (Il avait voulu mettre la fleur sous son globe, mais elle l'avait refusé.)

Nom ______________________ Date ______________

2. Relisez les deux premiers paragraphes. Quelles expressions ou phrases nous font comprendre que le petit prince est triste de quitter sa planète?

«Le petit prince arracha aussi, *avec un peu de mélancolie,* les dernières pousses de baobabs... Mais tous *ces travaux familiers lui parurent,* ce matin-là, *extrêmement doux.* Et, quand il arrosa une dernière fois la fleur, et se prépara à la mettre sous l'abri, sous son globe, *il se découvrit l'envie de pleurer.*»

3. Le petit prince avait envie de pleurer. Expliquez pourquoi. Et la fleur, pourquoi est-ce qu'elle pleurait? Quels sont ses vrais sentiments envers le petit prince?

Le petit prince avait envie de pleurer parce qu'il croyait partir pour toujours. Il apprécie plus que jamais maintenant sa petite planète, toutes ses habitudes et toutes ses tâches journalières, et, bien sûr, la fleur. Au moment de s'en aller, il se rend compte qu'il aime tout ce qui est sa vie sur la planète et que tout cela va lui manquer énormément. Quant à la fleur, elle a toujours aimé le petit prince, mais elle comprend maintenant que c'est par sa faute et à cause de ses mots qu'il va la quitter.

Notez: On dit «au revoir» quand on compte se revoir bientôt; «adieu» est pour longtemps ou même pour toujours.

4. Si la fleur ne tousse pas à cause de son rhume, pourquoi est-ce qu'elle le fait?

Son orgueil est tel qu'elle ne veut pas qu'on la voit dans un état où elle ne peut pas contrôler ses émotions. Elle tousse pour cacher son malaise et sa confusion afin de retrouver la maîtrise d'elle-même.

Notez: On peut discuter ce que nous faisons pour dissimuler nos émotions.

Nom ______________________ Date ______________

5. La fleur dit que le petit prince a été aussi sot qu'elle. Pourquoi? (Révisez le dernier paragraphe du chapitre 8.)

   Il ne savait ni comprendre ni apprécier la fleur. Il n'avait pas pu voir la tendresse cachée derrière ses mots. La fleur embaumait et éclairait la planète, mais il l'avait plutôt jugée sur ses mots et non sur ses actes.

6. Notez au moins cinq changements dans le comportement de la fleur quand elle comprend que le petit prince va partir. Comment réagit-elle?

   Elle est confuse (elle tousse). Elle sait que c'est par sa faute que le petit prince va la quitter. Elle lui demande pardon. Elle ne fait pas de reproches. Elle a une douceur calme, comme si elle acceptait le départ du petit prince. Elle avoue qu'elle l'aime. Maintenant elle sera seule, et déjà elle s'occupe d'elle-même d'une façon plus adulte. Elle fait face à la réalité. Elle refuse d'être mise sous le globe. Elle reconnaît qu'il faut supporter les chenilles pour pouvoir profiter des papillons.

7. Si le petit prince s'occupe de ses volcans, il n'y a pas de problème. Saint-Exupéry dit que nous ne pouvons pas nous occuper de nos volcans à nous parce que nous sommes trop petits pour le faire. Qu'est-ce que les volcans peuvent représenter pour nous? Notez au moins quatre possibilités.

   ***(Réponse personnelle)* Les volcans peuvent représenter les gros problèmes du monde ou des situations difficiles à résoudre: la guerre, la paperasserie, la pollution, la bureaucratie, la politique, la faim, le crime, etc.**

8. De quelle façon autre que physique peut-on être petit? Donnez deux exemples.

   ***(Réponse personnelle)* On peut être petit d'esprit. On peut manquer de générosité, de compréhension, de patience, d'effort, de volonté.**

Nom ______________________ Date ______________

9. La fleur ne veut pas que le petit prince la mette à l'abri sous son globe. Elle dit que, pour connaître les papillons, il faut bien supporter deux ou trois chenilles. Dans vos propres mots, exprimez plus clairement cette philosophie.

Il faut passer par des moments désagréables ou pénibles avant d'arriver au but désiré. Il faut faire un grand effort, quelquefois difficile, pour aboutir au bonheur.

10. Donnez un exemple de cette philosophie dans votre vie personnelle.

(Réponse personnelle) **Laisser tomber une amitié à cause d'une dispute aurait été plus facile. Mais en demandant pardon auprès de cette personne, nous avons une amitié même plus forte et plus solide qu'auparavant./Je prends une douche très froide et après, je me sens totalement réveillé(e) et en pleine forme.**

11. À votre avis, pourquoi est-ce que le petit prince est parti? Donnez trois possibilités.

Il était malheureux. Il ne s'entendait pas avec la fleur. Il la fuyait. La planète était trop petite pour lui (et peut-être philosophiquement aussi). Il cherchait autre chose.
Notez: La première phrase de ce chapitre parle d'une évasion. Dans le dernier paragraphe du chapitre précédent, le petit prince parle de s'enfuir. Vous pouvez discuter l'idée que le petit prince n'est pas seulement parti, mais qu'il s'est enfui. Que fuyait-il?

12. Indiquez une citation qui vous semble importante, intéressante, amusante ou touchante.

(Au choix)

Nom ______________________ Date ______________

Contrôle grammatical

L'Impératif

1. En donnant un exemple de chacun, montrez comment sont formés les verbes à l'impératif pour les trois catégories de verbes réguliers (*-er, -ir, -re*).

-er	donner	(tu) donne	(nous) donnons	(vous) donnez
-ir	finir	(tu) finis	(nous) finissons	(vous) finissez
-re	perdre	(tu) perds	(nous) perdons	(vous) perdez

2. Quelle, donc, est la seule forme qui ne se conforme pas aux formes du présent de l'indicatif?

   La deuxième personne du singulier des verbes qui se terminent en *-er*.

3. Dans quelle circonstance devons-nous rajouter cet *s* de la deuxième personne du singulier des verbes qui se terminent en *-er*?

   Nous rajoutons cet s quand la commande est suivie par un pronom qui commence avec une voyelle comme, par exemple, *donnes-en* et *vas-y*.

4. Où met-on les objets pronominaux en relation avec le verbe dans un ordre affirmatif? Dans un ordre négatif? Donnez des exemples.

   Dans une commande affirmative les objets pronominaux suivent la commande comme, par exemple, *donnez-le-moi* et *écrivons-leur*.
   Dans une commande négative, les objets pronominaux sont placés devant le verbe comme, par exemple, *ne me le donnez pas* et *ne leur écrivons pas*.

Chapitre 9

Nom ____________________ Date ____________

5. Trouvez dans le texte quatre verbes à l'impératif.

Tâche d'être heureux. | Ne *traîne* pas comme ça...

Laisse ce globe tranquille. | *Va*-t'en.

Le Petit Prince — Chapitre 10

Nom ______________________ Date ______________

Enrichissez votre vocabulaire…

s'instruire	to improve one's mind	*tel(le)*	such (a)
siéger	to be seated	*émerveiller*	to astonish, amaze
l'hermine (f)	(the) ermine	*détenir*	to hold
encombré(e)	encumbered, crowded	*s'enhardir*	to become bold
interdire	to forbid	*une grâce*	a favor
ne pas pouvoir s'empêcher de	not to be able to help	*être dans son tort*	to be in the wrong
rougir	to blush	*exiger*	to demand, require
tantôt… tantôt	sometimes… sometimes	*un royaume*	a realm
bredouiller	to stammer	*un carrosse*	a carriage, coach
tenir à	to insist upon	*jeter un coup d'œil*	to glance
couramment	fluently, readily	*gracier*	to pardon
ramener	to draw up	*achever*	to complete
un pan	a flap, section, side (of a garment)	*peiner*	to pain, grieve
se hâter	to hasten	*un soupir*	a sigh
aussitôt	immediately	*se dire en lui-même*	to say to oneself

A découvrir…

Répondez par écrit à ces questions. Après, discutez-les avec toute la classe.

1. Pourquoi le petit prince va-t-il visiter les astéroïdes?

   Il cherche une occupation et il veut s'instruire.

Nom ______________________ Date ______________

2. Qui habitait dans le premier astéroïde que le petit prince avait visité? Décrivez-le ainsi que la planète qu'il habitait.

C'était un roi qui habitait le premier astéroïde. Il était habillé de pourpre et d'hermine. Il était assis sur un trône. Sa planète était très petite. Son manteau prenait toute la place.

3. Pourquoi le roi était-il si content de voir le petit prince?

Il était très content d'avoir quelqu'un pour sujet.

4. Quels sont les grands désavantages de ne voir les hommes que comme des sujets?

***(Réponse personnelle)* On ne les voit que comme des gens qui doivent montrer du respect, obéir aux ordres et être punis quand ils désobéissent. Ce serait difficile donc de les avoir comme des amis, de s'amuser avec eux et de partager la vie sur une base d'égalité.**

Notez: Il est tellement important pour le roi de «régner sur» les autres. Nous aussi, nous essayons de démontrer notre pouvoir sur le monde, tout en regardant à l'extérieur de nous-mêmes. Et puis, le résultat est que nous délimitons la façon dont les autres nous perçoivent. Ferions-nous mieux peut-être d'avoir plus de confiance en nous-mêmes et de regarder plus souvent à l'intérieur de nous-mêmes pour chercher notre vraie source de pouvoir et de bonheur?

5. Si le petit prince détenait le pouvoir du roi, qu'est-ce qu'il commanderait?

Il commanderait bien plus de quarante-quatre couchers de soleil, sans être obligé de déplacer sa chaise.

Nom ______________________ Date ______________

6. Malgré l'opinion du roi, quelques-uns de ses ordres n'étaient pas raisonnables. Lesquels? Donnez au moins trois exemples.

Il n'était pas raisonnable d'ordonner au petit prince de ne pas bâiller et puis de bâiller, d'être ministre de la justice, de condamner à mort et puis de gracier un rat, d'être son ambassadeur. Ce n'est pas raisonnable non plus de demander la permission pour des choses très simples, pour poser une question, par exemple.

7. Par contre, le roi montre parfois de la sagesse dans ce qu'il dit. Trouvez trois exemples.

Il faut exiger de chacun ce que chacun peut donner. L'autorité repose d'abord sur la raison. Il faut demander aux autres des choses raisonnables. Se juger soi-même est plus difficile que juger les autres. Si l'on arrive à le faire, on fait preuve de sagesse.

8. Choisissez une de ces idées dans votre réponse à la question numéro 7 et donnez une situation où l'on pourrait l'appliquer dans le monde d'aujourd'hui.

***(Réponse personnelle)* On ne doit pas s'attendre à ce qu'un locataire paie un loyer immodéré ou excessif. (Il faut demander aux autres des choses raisonnables.) Il est bien plus facile de trouver des erreurs chez les autres que chez soi. On peut critiquer les autres parce qu'ils ne sont pas gentils avec certaines personnes et ne pas voir que nous faisons pareil. Quand nous nous examinons avec honnêteté, nous reconnaissons notre comportement peu acceptable, et nous pouvons le changer. (Se juger soi-même est plus difficile que juger les autres. Si l'on arrive à le faire on fait preuve de sagesse.)**

9. Est-ce que le petit prince obéissait aux ordres du roi? Expliquez.

Il obéissait à une commande seulement quand elle lui paraissait convenable, mais pas forcément parce que le roi l'avait ordonnée. Il n'allait sûrement pas devenir ministre de la justice et juger le pauvre rat!

Nom ______________________ Date ______________

10. Le petit prince voulait partir, mais il ne voulait pas peiner le roi. Qu'est-ce que le petit prince lui proposait? Est-ce que le roi pouvait apprécier son raisonnement? Pourquoi?

Il proposait au roi de lui ordonner de partir avant une minute. Le roi n'était pas capable d'apprécier son raisonnement: il voulait avant tout que le petit prince reste sur la planète avec lui et, au fond, ce n'était pas du tout un homme raisonnable!

11. Le roi pense que c'est lui qui dirige tout ce qui se passe dans le monde et même dans l'univers. Sommes-nous peut-être comme cela? Avons-nous raison? Commentez.

(Réponse personnelle) **Nous pensons parfois que c'est nous qui tenons les rênes de l'autorité de notre vie. Mais, soudain, quelque chose de totalement inattendu peut arriver, un accident, une nouvelle personne, et nous nous demandons si c'est vraiment nous qui sommes les maîtres de la situation.**

12. Indiquez une citation qui vous semble importante, intéressante, touchante ou amusante.

(Au choix)

Contrôle grammatical

Le Futur (révision)

1. Révisez le futur dans le **Contrôle grammatical** du chapitre 4.

Nom ______________________ Date ______________

2. Trouvez dans le texte

a. quatre verbes réguliers au futur

je l'exigerai, j'attendrai, tu te jugeras, tu le condamneras, sa vie dépendra, tu le gracieras

b. cinq verbes irréguliers au futur

il fera, tu l'auras, sera-t-il?, tu verras, tu pourras

Le Petit Prince — Chapitres 11–12

Nom ________________________ Date ______________

Enrichissez votre vocabulaire…

Chapitre 11

un vaniteux, une vaniteuse	a vain, conceited person	*frapper*	to clap
s'écrier	to exclaim	*conseiller*	to advise
dès que	as soon as	*soulever*	to raise
un chapeau	a hat	*la louange*	(the) praise
saluer	to bow	*hausser les épaules*	to shrug one's shoulders

Chapitre 12

suivant(e)	following, next	*avoir honte*	to feel ashamed
plonger	to plunge	*avouer*	to confess
un buveur, une buveuse	a drinker	*baisser*	to lower
s'enquérir	to inquire	*secourir*	to help
plaindre	to pity	*achever*	to complete, finish
la honte	(the) shame	*s'enfermer*	to shut oneself in

Nom ______________________ Date ______________

A découvrir…

Répondez par écrit à ces questions. Après, discutez-les avec toute la classe.

Chapitre 11

1. En quoi consiste la vie du vaniteux?

   Il attend que les autres l'admirent et l'acclament. Il les salue en réponse.

2. Notez que le roi (du chapitre précédent) et le vaniteux cherchent leur validation chez les autres, dans le monde extérieur. Le roi veut régner sur les autres; le vaniteux veut être salué par les autres. Est-ce qu'ils comprennent ce que c'est d'être vraiment heureux? D'où vient la vraie source de notre bonheur?

   Ils ne semblent pas être très heureux. Le vraie source du bonheur vient peut-être de l'intérieur de soi. On est vraiment content quand on se juge soi-même pour ses actions et on ne compte pas sur les autres pour les approuver.

   Notez: On peut discuter l'idée que l'on souffre quand on devient supérieur aux autres.

Chapitre 12

3. Quel est le raisonnement du buveur?

   Il boit pour oublier qu'il a honte de boire.

4. À votre avis, ne peut-il pas se sortir de son cercle vicieux?

   ***(Réponse personnelle)* Si, il peut sortir de son cercle vicieux, mais il faudra peut-être faire un effort.**

Nom ______________________ Date ______________

5. Donnez un exemple dans le monde d'aujourd'hui où l'on préfère rester dans l'embarras d'un problème que de s'en sortir.

(Réponse personnelle) On mange pour compenser le fait d'être gros. On pourrait mieux s'entendre avec quelqu'un si on essayait de parler franchement avec lui, mais on a trop peur ou trop d'orgueil pour aborder le problème.

6. Est-il possible de sortir de ces problèmes? Commentez.

(Réponse personnelle) Oui, il est possible de sortir de ces problèmes. Il faut souvent du courage, de la discipline, et les amis peuvent aider beaucoup.

7. Indiquez une citation qui vous semble importante, intéressante, touchante ou amusante.

(Au choix)

Contrôle grammatical

L'Impératif (révision)

1. Révisez l'impératif dans le **Contrôle grammatical** du chapitre 9.

2. Trouvez dans le texte trois verbes à l'impératif.

frappe, fais-moi, admire-moi

Nom ____________________ Date ____________

3. Transformez ces commandes dans les formes correctes pour les première et deuxième personnes du pluriel.

frappe	fais-moi	admire-moi
frappons	faisons-moi	admirons-moi
frappez	faites-moi	admirez-moi

Le Petit Prince — Chapitre 13

Nom ______________________ Date ______________

Enrichissez votre vocabulaire…

rallumer	to relight	*rêvasser*	to daydream
la baliverne	(the) nonsense	*un(e) fainéant(e)*	a loafer, do-nothing
déranger	to disturb, bother	*un(e) ivrogne*	a drunkard
un hanneton	a June bug	*cependant*	however, nevertheless
répandre	to spread	*riposter*	to retort
un bruit	a noise	*grincheux (-se)*	grumpy
épouvantable	frightful, terrible	*breveter*	to patent
manquer	to lack	*songer à*	to think of
flâner	to stroll, loaf	*gérer*	to manage
un espoir	a hope	*un foulard*	a scarf
la paix	(the) peace	*le cou*	the neck
une mouche	a fly	*cueillir*	to pick
briller	to shine	*un tiroir*	a drawer
une abeille	a bee	*suffire*	to be enough
doré(e)	gilded	*utile*	useful

A découvrir…

Répondez par écrit à ces questions. Après, discutez-les avec toute la classe.

1. Que fait le businessman?

   Le businessman est un homme très sérieux: il compte les étoiles.

Nom ______________________ Date ______________

2. Pourquoi le businessman raisonne-t-il un peu comme l'ivrogne?

Le businessman compte les étoiles pour pouvoir les posséder. Comme ça il deviendra riche pour pouvoir acheter encore des étoiles.

3. Trouvez-vous qu'il apprécie la beauté des étoiles? Pourquoi le pensez-vous? N'a-t-il peut-être même pas oublié pendant un moment ce qu'il comptait? Expliquez.

(Réponse personnelle) **Non, il n'apprécie pas la beauté des étoiles. Il les considère plutôt comme des possessions, comme de l'argent, ce qui lui servira à être riche et à en acheter encore. C'est vrai qu'il semble avoir oublié ce qu'il compte. Il peut en donner des descriptions et des définitions, mais il n'arrive pas à trouver tout de suite le mot «étoile».**

4. Donnez un exemple dans notre vie moderne où l'on peut prendre quelque chose tellement au sérieux qu'on n'apprécie plus la beauté qui nous entoure.

(Réponse personnelle) **Nous prenons notre exercice physique tellement au sérieux, le jogging ou le cyclisme, par exemple, que nous ne regardons plus la beauté de la nature qui nous entoure. Et même dans les tâches les plus simples il y a une beauté si nous pouvons nous concentrer sur ce que nous faisons.**

5. Quelles choses le petit prince possède-t-il?

Il dit qu'il possède un foulard, une fleur et trois volcans.

Notez: Nous avons ici la première mention dans le texte du foulard du petit prince (bien qu'il le porte dans presque tous les dessins de l'auteur). Saint-Ex en avait un aussi. On dit qu'il le portait toujours. Qui donc est-ce, ce petit prince? Fait-il allusion à quelque chose? Est-ce le moi, l'alter ego, la partie supérieure de l'auteur lui-même?

Nom ______________________ Date ______________

6. Quelles différences y a-t-il entre la façon de posséder du businessman et celle du petit prince?

   Le businessman possède les étoiles pour amasser une fortune en étoiles, pour être riche. Le petit prince possède le foulard pour pouvoir le mettre autour de son cou. Il peut cueillir sa fleur. Il peut les emporter tous les deux. C'est utile à sa fleur et à ses volcans qu'il les possède; il s'occupe d'eux. Et le foulard est utile au petit prince.

7. Trouvez-vous que le businessman soit vraiment riche? Pourquoi?

   Il n'est même pas riche dans le sens où il possède quelque chose, parce qu'il ne peut pas vraiment posséder les étoiles. Être vraiment riche fait allusion peut-être à un bonheur qui ne semble pas du tout exister chez le businessman.
   Notez: Pouvons-nous donc vraiment posséder quoi que ce soit? Et les explorateurs qui prennent des îles au nom du roi, c'est un peu la même chose finalement, n'est-ce pas?

8. Quelle serait la notion de richesse selon le petit prince?

   (Réponse personnelle) **La notion de la richesse pour le petit prince serait peut-être de pouvoir goûter la beauté des couchers de soleil, de se comprendre avec sa fleur, d'avoir un ami.**

9. Quelle serait la notion de richesse selon vous?

   (Réponse personnelle) **La richesse pour moi serait le bonheur qu'on ressent dans la nature, avec des amis, quand on apprécie tout ce qu'on a déjà.**

Nom ____________________ Date ____________

10. Indiquez une citation qui vous semble importante, intéressante, touchante ou amusante.

    (Au choix)

Contrôle grammatical

Le Passé simple, le plus-que-parfait (révision)

Le Passé simple

1. Trouvez dans le texte quatre verbes au passé simple et écrivez-les ici.

   (Entre autres) il leva, dit celui-ci, répéta le petit prince, le businessman comprit, il posa, le businessman ouvrit... trouva, le petit prince s'en fut

Le Plus-que-parfait

2. Écrivez ici les formes à l'imparfait pour les verbes *être* et *avoir*.

j'étais	**nous étions**	**j'avais**	**nous avions**
tu étais	**vous étiez**	**tu avais**	**vous aviez**
il/elle/on était	**ils/elles étaient**	**il/elle/on avait**	**ils/elles avaient**

3. Le plus-que-parfait est formé par un verbe auxiliaire à l'imparfait et un participe passé (voir le **Contrôle grammatical** du chapitre 8). Trouvez dans le texte trois exemples de ce temps du verbe. Écrivez-les ici.

   qui...avait renoncé, il...avait posée, qui était tombé

Chapitre 13

Nom ______________________ Date ______________

4. Expliquez pourquoi il y a un *e* féminin à la fin du participe passé «posée».

Le e s'accorde avec l'objet *la (l'*avait posée*)* qui réfère au mot «question». Avec les verbes transitifs, le participe passé s'accorde avec l'objet direct quand il précède le verbe.

Le Petit Prince | Chapitre 14

Nom ______________________ Date ______________

Enrichissez votre vocabulaire…

loger	to lodge	*un métier*	a trade, job
un réverbère	a streetlight	*autrefois*	formerly
un allumeur	a lighter	*durer*	to last
parvenir à	to succeed in	*fidèle*	faithful
cependant	yet, nevertheless	*un moyen*	a means, way
naître	to be born	*poursuivre*	to pursue, continue
endormir	to put to sleep	*une enjambée*	a stride
éteindre	to extinguish, put out	*tandis que*	while, whereas
aborder	to board, land	*mépriser*	to scorn
la consigne	(the) (military) orders	*un soupir*	a sigh
rallumer	to light again	*oser*	to dare
s'éponger	to sponge off, mop up	*avouer*	to admit
un mouchoir	a handkerchief	*regretter*	to miss
à carreaux	with squares, checkered	*bénir*	to bless

A découvrir…

Répondez par écrit à ces questions. Après, discutez-les avec toute la classe.

1. Qui habitait la cinquième planète et en quoi consistait le travail de cet habitant?

Un allumeur de réverbères habitait la cinquième planète. Son travail était d'allumer et d'éteindre un réverbère.

Nom ______________________ Date ______________

2. En quoi consistait l'absurdité dans ce que faisait l'allumeur de réverbères?

Il n'y avait pas de sens à allumer et à éteindre un réverbère alors qu'il n'y avait ni habitation ni population sur la planète. Cela ne servait à rien et à personne.

3. D'après le petit prince, l'occupation de l'allumeur de réverbères était véritablement utile simplement parce qu'elle était jolie. Réfléchissez sur cette idée et trouvez un exemple illustrant une telle occupation dans notre monde d'aujourd'hui.

(Réponse personnelle) **Le travail de boulanger, de pâtissier et de vendeur de ballons d'enfant pourraient être joli. Les gestes du boulanger et du pâtissier dans la préparation de leurs produits sont beaux parce qu'ils sont experts et vite exécutés. Les produits de leur travail sont beaux aussi. L'image d'un vendeur avec ses ballons de toutes les couleurs est jolie à voir, et il y a de la magie dans la réaction des enfants qui entourent le vendeur.**

4. Même si ce qu'il faisait était absurde, le petit prince aimait l'allumeur de réverbères. Donnez d'autres raisons qui indiquent que le travail de l'allumeur de réverbères était moins absurde que les occupations des habitants des autres planètes visitées par le petit prince.

Il était fidèle à la consigne et il s'occupait d'autre chose que de soi-même. Le petit prince trouvait que ce qu'il faisait était utile simplement parce que c'était joli.

5. Parallèlement à l'exemple de l'allumeur de réverbères, le rythme de la vie moderne a tendance à aller de plus en plus vite, sans faire de bien à personne. Donnez un exemple où le rythme de vie s'est accéléré sans avoir amélioré la qualité de la vie.

(Réponse personnelle) **Les voitures peuvent aller de plus en plus vite, mais on peut moins voir et moins bien apprécier le paysage. Cela prend beaucoup d'énergie pour faire attention sur la route, et il y a quand même des accidents qui sont de plus en plus graves du fait de la vitesse des véhicules.**

Nom ______________________ Date ______________

6. La planète de l'allumeur de réverbères tourne de plus en plus vite, mais la consigne n'a pas changé. Devons-nous prendre la responsabilité de changer les consignes avec les changements du temps? Est-ce difficile? Expliquez en utilisant un exemple de notre vie moderne.

   (Réponse personnelle) **Oui, c'est notre responsabilité d'être conscient des changements du temps et de la vie et de changer en conséquence notre idée du devoir. C'est souvent difficile parce qu'on aime le confort des habitudes. Un exemple serait, peut-être, au lieu de s'occuper seulement de la santé et du bien-être de la famille ou de notre petite communauté, de regarder le monde entier comme notre petite communauté et de veiller sur sa santé et son bien-être sur un plan global.**

7. Le petit prince propose une solution à l'allumeur de réverbères, mais elle n'est pas bien acceptée. Acceptons-nous facilement ou difficilement les conseils des autres? Expliquez.

   (Réponse personnelle) **Nous acceptons souvent difficilement les conseils des autres. Il est désagréable d'admettre que nous ne savons pas mener notre vie d'une façon intelligente et responsable. Parfois il semble qu'on est tellement habitué à une certaine situation qu'on préfère la conserver que de faire un effort pour la changer.**

8. Pourquoi le petit prince aurait-il pu se faire un ami de l'allumeur de réverbères?

   Le petit prince admirait sa dévotion à la consigne, au devoir, qui lui demandait même un sacrifice. Ce n'était pas du tout un homme égoïste, concentré sur lui-même, se faisant illusion sur soi-même. C'était peut-être un point commun entre le petit prince et l'allumeur de réverbères de prendre des responsabilités et de s'occuper de leurs planètes.

Nom ________________________ Date ______________

9. Pourquoi le petit prince regrettait-il la planète de l'allumeur de réverbères? Est-ce que cela veut dire qu'il était peut-être triste? Expliquez.

Il regrettait la planète à cause des mille-quatre-cent-quarante couchers de soleil par jour. Il était donc peut-être triste. Nous savons qu'il avait dit à Saint-Exupéry que c'était bien de regarder les couchers de soleil quand on était triste. Il était toujours triste comme il l'était quand il avait quitté sa planète. Il apprend certainement des choses importantes pendant son voyage, mais nous savons qu'il avait besoin d'un ami et qu'il ne l'a pas encore trouvé. Nous savons aussi qu'il s'est enfui de sa planète parce qu'il ne s'entendait pas avec la fleur et qu'il n'a pas encore trouvé de solution. Il n'est donc pas beaucoup moins malheureux.

Contrôle grammatical

L'Imparfait, le subjonctif (révision); le plus-que-parfait du subjonctif

L'Imparfait

1. Trouvez un passage où l'imparfait est beaucoup utilisé. Expliquez pourquoi.

L'imparfait est beaucoup utilisé dans le premier paragraphe du chapitre. Il est utilisé d'abord pour la description dans le passé (*était, avait*) et ensuite pour la description ou pour une condition qui continue dans le passé (*parvenait*).

Le Subjonctif

2. Trouvez un verbe au présent du subjonctif. Pourquoi est-il utilisé?

«Cependant c'est le seul qui ne me *paraisse* pas ridicule.» C'est une opinion ou un jugement.
Notez: Vous pouvez aussi expliquer que le subjonctif est employé pour cette attitude subjective quand l'antécédent du pronom relatif est un superlatif.

Nom ______________________ Date ______________

Le Plus-que-parfait du subjonctif

3. Notez l'usage du plus-que-parfait du subjonctif dans la phrase «Celui-là est le seul dont j'*eusse pu* faire mon ami». Le verbe *eusse* est l'imparfait du subjonctif du verbe *avoir.* Il fonctionne ici comme verbe auxiliaire suivi par le participe passé. Pourquoi est-ce que le subjonctif est utilisé ici?

   C'est aussi une opinion ou un jugement.

   Notez: Regardez aussi la note pour la question précédente.

Commentaire

Que pensez-vous des réflexions du petit prince sur le travail de l'allumeur de réverbères? Trouvez trois idées. Dites si vous êtes d'accord ou non et soutenez votre point de vue. Écrivez un paragraphe d'une demi-page. N'oubliez pas, bien sûr, de bonnes phrases d'introduction et de conclusion. Un bon titre original, qui reflète le contenu de votre commentaire, est indispensable.

Discutez vos idées en classe avant de commencer. Notez-les ici.

L'étudiant peut choisir des idées comme les suivantes:
Pourquoi l'allumeur est-il moins absurde que le buveur, le roi et le vaniteux?
Ce que fait l'allumeur est (n'est pas) absurde
La valeur de s'occuper d'autre chose que de soi-même
La fidélité à la consigne
L'utilité dans la beauté
Les conditions nécessaires pour l'amitié
Notez: On peut aussi s'inspirer des questions de la leçon.

Le Petit Prince — Chapitre 15

Nom ______________________________ Date ________________

Enrichissez votre vocabulaire...

tiens!	well!, hey!	*une découverte*	a discovery
apercevoir	to perceive	*exiger*	to demand, require
souffler	to pant, catch one's breath	*fournir*	to furnish, supply
tant	so much	*une preuve*	(a) proof, evidence
un(e) savant(e)	a scholar	*soudain*	suddenly
un fleuve	a river	*s'émouvoir*	to be excited
jeter un coup d'œil	to glance	*ayant*	pres. part. *avoir,* having
je puis	var. *je peux,* I can	*tailler*	to sharpen (a pencil)
déçu(e)	disappointed	*l'encre* (f)	(the) ink
manquer	to lack, be short of	*se démoder*	to go out of style
flâner	to stroll, loaf	*vider*	to empty
une enquête	an investigation, inquiry	*éveillé(e)*	lively, awake
mentir	to lie	*la disparition*	the disappearance
entraîner	to bring on	*prochain(e)*	next, imminent
un(e) ivrogne	a drunkard	*songer à*	to think of, dream of

Nom ______________________________ Date ____________________

A découvrir…

Répondez par écrit à ces questions. Après, discutez-les avec toute la classe.

1. Le petit prince remarque que la géographie est un véritable métier. Qui dans l'histoire a déjà parlé de l'utilité de la géographie? Citez le passage du texte.

   Saint-Exupéry en a déjà parlé dans le premier chapitre du livre: «Et la géographie, c'est exact, m'a beaucoup servi. Je savais reconnaître, du premier coup d'œil, la Chine de l'Arizona. C'est très utile, si l'on s'est égaré pendant la nuit.»

2. Est-ce que le géographe connaît sa propre planète? Pourquoi?

   Non, il ne la connaît pas. Il ne peut connaître les emplacements géographiques que grâce aux informations fournies par les explorateurs. Il n'a certainement pas eu l'expérience de sa planète.

3. Quels sont les autres personnages qui sont tellement absorbés dans l'importance imaginée de leur occupation qu'ils ne peuvent pas apprécier la richesse du monde autour d'eux?

   Le roi, le vaniteux, le buveur, le businessman et peut-être même la fleur n'apprécient pas la richesse du monde autour d'eux.

Nom ______________________ Date ______________

4. Donnez un exemple personnel où nous nous concentrons tellement sur une occupation que nous ne reconnaissons plus les éléments de la vraie richesse de la vie. Incluyez dans votre réponse ces éléments particuliers à votre exemple.

   (Réponse personnelle) **Je me mets tellement à mon travail sérieux que je ne prends pas le temps de goûter ce que je mange en courant, de me promener doucement au soleil, de parler un moment avec un copain, de cueillir des fleurs.**

5. Le géographe dit qu'il est trop important pour flâner. Pensez-vous donc que les explorateurs soient des flâneurs? Expliquez. Pourquoi le géographe le penserait-il?

   (Réponse personnelle) **Que les explorateurs se promènent dans le monde, c'est vrai! S'ils flânent en même temps qu'il font leurs explorations, tant mieux! Pour le géographe, avoir un bureau, du papier et un stylo le rend important. C'est entendu qu'il va travailler sérieusement. Peut-être que dans le métier d'explorateur on jouit un peu trop de l'expérience de la vie.**

6. Croyez-vous que le géographe a de l'expérience et de l'autorité pour vraiment bien juger la valeur des découvertes des explorateurs? Expliquez. Qui seraient peut-être les meilleurs juges des découvertes des explorateurs?

   (Réponse personnelle) **Non. Il connaît les livres, mais il n'a jamais visité les différentes régions de sa planète; il n'a pas d'expérience de la vie. Ce doit être les explorateurs eux-mêmes qui jugent de la valeur des découvertes des autres explorateurs.**

Nom ______________________ Date ______________

7. Donnez un exemple dans notre monde d'aujourd'hui où nous prêtons attention aux déclarations et aux jugements des personnes qui ne sont peut-être pas les mieux qualifiées pour les faire.

(*Réponse personnelle*) On prend quelquefois les résultats des sondages, qui sont plutôt précis, et puis on les interprète d'une façon moins précise. Il y a des hommes politiques qui ont tendance à dire des choses qui ne sont pas totalement vraies parce qu'ils n'ont pas bien vérifié la source de leurs informations ou parce qu'ils veulent influencer l'opinion des gens dans une certaine direction. Il faut même parfois faire attention à nos amis, et à nous-mêmes.

8. Qui aurait la vraie expérience de la vie, un géographe ou un explorateur? Préféreriez-vous mener une vie de géographe ou d'explorateur? Expliquez en tirant une leçon de votre réponse.

(*Réponse personnelle*) L'explorateur aurait la vraie expérience de la vie. Je préférerais mener la vie d'un explorateur (et il y a des explorations intérieures aussi bien que des explorations extérieures). Je préférerais avoir de l'expérience; c'est comme cela qu'on apprend. C'est vrai, quand même, qu'après avoir eu l'expérience de la vie, on peut écrire de bons livres. Et on peut apprécier ce même genre de livre, d'après ses propres expériences vécues.

Notez: Il y a beaucoup de possibilités ici pour la discussion. Est-ce que les géographes sauraient quoi noter sur les découvertes des explorateurs? Auraient-ils de l'expérience pour les juger? Dans le monde, est-ce que ce sont les géographes, ou les savants, que nous reconnaissons comme des autorités? Les explorateurs sont trop occupés à explorer et à découvrir le monde, à faire l'expérience de la vie. Mais qui alors se prend pour les juges du monde? Ceux qui ne sont pas les vrais participants, les savants. Les vrais participants, les explorateurs, n'auraient pas le temps pour des occupations pareilles. Quant à Saint-Exupéry, il affirmait qu'il ne pouvait pas écrire sans agir.

Nom ______________________ Date ______________

9. Quel genre de chose est-ce que les géographes ne notent pas? Pourquoi le petit prince s'oppose-t-il à cette idée? Quelle est votre réaction personnelle?

Les géographes ne notent pas les fleurs parce qu'elles font partie des choses éphémères. Le petit prince pense que c'est sa fleur qui est la plus jolie sur sa planète. *(Réponse personnelle)* Peut-être que les géographes ne notent pas ce genre de chose, mais heureusement que les poètes le font!

Notez: On peut discuter l'importance relative des montagnes et des océans et des fleurs et d'autres choses éphémères. Pensez-vous que les montagnes et les océans soient vraiment éternels? Quelles seraient peut-être des qualités chez une fleur qui pourraient être éternelles? (La beauté…?)

10. Quel sentiment le petit prince éprouve-t-il en apprenant que sa fleur est éphémère et menacée de disparition prochaine? Quels sentiments éprouvez-vous?

Il ressent du regret en ayant quitté sa fleur. *(Réponse personnelle)* Je me sens menacé(e) d'une certaine façon aussi. Qu'arrivera-t-il à la fleur abandonnée toute seule sur la planète? C'est comme si je partageais le sort du petit prince aussi bien que celui de la fleur; on n'ose pas craindre le pire.

11. Quelle planète est-ce que le géographe conseille au petit prince de visiter?

Il lui conseille de visiter la planète Terre.

12. Indiquez une citation qui vous semble importante, intéressante, touchante ou amusante.

(Au choix)

Nom ______________________ Date ______________

Contrôle grammatical

Le Conditionnel

1. Comment formez-vous le conditionnel? Notez ici les terminaisons des verbes au conditionnel.

   Ajoutez les terminaisons à l'infinitif des verbes en *-er* et *-ir.* Laissez tomber le e de l'infinitif des verbes en *-re* avant d'ajouter les terminaisons. Les terminaisons sont *-ais, -ais, -ait, -ions, -iez, -aient.*

2. Les radicaux réguliers et irréguliers seront les mêmes que ceux que l'on utilise pour former le futur. Consultez vos réponses dans le **Contrôle grammatical** du chapitre 4 et donnez le radical irrégulier pour chacun des verbes suivants: *aller, avoir, être, faire, pouvoir, savoir, venir, vouloir, voir* et *falloir.* Notez que, comme le radical régulier de l'infinitif, ces radicaux irréguliers se terminent aussi avec un *r.*

aller	**ir-**	**savoir**	**saur-**
avoir	**aur-**	**venir**	**viendr-**
être	**ser-**	**vouloir**	**voudr-**
faire	**fer-**	**voir**	**verr-**
pouvoir	**pourr-**	**falloir**	**faudr-**

3. Trouvez dans le texte

   a. trois verbes réguliers au conditionnel

   un explorateur qui mentirait **entraînerait... boirait... noterait**

   b. un verbe irrégulier au conditionnel

   quelqu'un... qui serait

Nom ______________________ Date ______________

Enrichissez votre vocabulaire…

Chapitre 16

quelconque	ordinary	*s'escamoter*	to vanish, disappear
environ	about	*les coulisses* (f)	the wings (theater)
entretenir	to maintain		

Chapitre 17

faire de l'esprit	to try to be funny	*à tout hasard*	just in case
faux, fausse	false	*puisse*	pres. subj. *pouvoir,* might, be able
se tenir debout	to stand up	*au-dessus*	above
serré(e)	tight, crowded together	*se taire*	to be silent
loger	to lodge, house	*mince*	slim
aisément	easily	*une patte*	an animal's foot, paw
le large	the width	*un navire*	a ship
entasser	to pile up	*enrouler*	to wind, coil
le moindre	the least	*la cheville*	the ankle
un pensum	an extra task	*faible*	weak
un anneau	a ring, band	*regretter*	to miss
remuer	to move, stir	*résoudre*	to resolve

Chapitres 16–17

Nom ______________________ Date ______________

A découvrir…

Répondez par écrit à ces questions. Après, discutez-les avec toute la classe.

Chapitre 16

1. Saint-Exupéry nous présente la Terre à l'image d'un grand ballet d'allumeurs de réverbères. Qu'est-ce que c'est, cette obscurité qui passe autour du globe et qui nécessite que l'on allume?

   C'est la nuit.

   Notez: Saint-Exupéry se moque un peu des grands dans ses premières lignes. Il utilise les chiffres qu'ils aiment tellement pour nous présenter la Terre. Les étudiants peuvent trouver ce passage difficile à comprendre au premier abord. Aidez-leur à bien apprécier la façon poétique de laquelle Saint-Exupéry décrit chaque tombée successive de la nuit. Le noir se répand sur les parties du globe qui, suivant la révolution de la planète, se trouvent cachées de la lumière du soleil. Aussitôt qu'une portion de la terre se trouve dans le noir, les allumeurs se chargent d'allumer leur lampions. Et ceci se fait toujours dans le même ordre—que c'est impressionnant!

Chapitre 17

2. Pourquoi Saint-Exupéry n'a-t-il pas été très honnête en parlant des allumeurs de réverbères?

   Il avait menti un peu en voulant faire de l'esprit.

3. Saint-Exupéry dit que les grandes personnes se voient importantes comme des baobabs. Comment comprenez-vous cela? Quels dangers cela implique-t-il?

   Les grandes personnes se croient tellement importantes qu'elles pensent que les autres doivent leur donner la même importance qu'on donne aux baobabs. Mais, attention, ont-elles oublié que les baobabs sont ces mêmes arbres qui peuvent détruire le monde? Se sont-elles inconsciemment comparées à une chose destructive? Est-ce que leur égoïsme va faire éclater le monde aussi?

   Notez: Saint-Exupéry rend les grandes personnes un peu ridicules quand même quand il dit qu'on pourrait les mettre tous sur une petite île.

Nom ______________________ Date ______________

4. De qui le petit prince a-t-il fait la connaissance? Sur quel continent et dans quel genre de région?

   Il a fait la connaissance du serpent dans le désert en Afrique.

5. Le petit prince regarde les étoiles du désert et il dit, «Je me demande si les étoiles sont éclairées afin que chacun puisse retrouver la sienne.» Que pourrait être cette «étoile» de chacun de nous?

   ***(Réponse personnelle)* Cela pourrait être notre but choisi dans le monde, un ami ou une amie, un époux ou une épouse, notre destin.**

6. Quelle est la réponse du petit prince quand le serpent lui demande ce qu'il vient faire sur la Terre? À quoi se réfère-t-il?

   Il dit qu'il a des difficultés avec une fleur. Bien qu'il l'ait aimée, il n'était pas heureux avec elle et il s'est enfui.

7. Comment peut-on être «seul... chez les hommes», comme dit le serpent? Donnez un exemple personnel où vous vous sentez seul(e) parmi les gens.

   ***(Réponse personnelle)* On se sent seul quand il n'y a pas de vraie communication, quand les uns ne font pas attention aux autres, quand on ne s'occupe pas des autres. On se sent seul dans les endroits publics où il y a beaucoup de monde mais où les conventions sociales sont telles qu'on ne se parle pas. On se sent seul dans une surprise-partie où on ne connaît personne.**

   Notez: Cette remarque est d'une vérité profonde. C'est intéressant qu'il n'existe qu'une seule personne dans chacune des planètes visitées par le petit prince.

8. Comment le serpent peut-il être plus puissant que le doigt d'un roi? (Quel est le terrible danger de certains serpents?)

   Le serpent peut tuer une personne avec son venin.

Nom ______________________ Date ______________

9. Comment le serpent peut-il rendre les personnes à la terre dont elles sont sorties? Expliquez donc ce qu'il peut faire si le petit prince regrette trop sa planète.

   Le serpent veut dire qu'en mourant on retourne à l'endroit où l'essence de la personne reposait avant sa naissance dans le monde. Si le petit prince regrette trop sa planète, le serpent peut le piquer, faire mourir le corps et libérer son essence, ou son âme, pour qu'elle retourne dans sa planète.

10. Que peut donc représenter le serpent?

    (Réponse personnelle) **Le serpent peut représenter la mort, la libération de ce monde.**

11. Indiquez une citation qui vous semble importante, intéressante, touchante ou amusante.

    (Au choix)

Contrôle grammatical

Le Conditionnel, l'imparfait, le subjonctif (révision)

1. Comment formez-vous les verbes au conditionnel?

   Ajoutez les terminaisons à l'infinitif des verbes en *-er* et *-ir.* Laissez tomber le e de l'infinitif des verbes en *-re* avant d'ajouter les terminaisons. Les terminaisons sont *-ais, -ais, -ait, -ions, -iez, -aient.*

Nom ______________________ Date ______________

2. Comment formez-vous les verbes à l'imparfait?

Prenez le radical de la première personne du pluriel du présent. Ajoutez les terminaisons *-ais, -ais, -ait, -ions, -iez, -aient.*

3. Comment formez-vous les verbes au présent du subjonctif?

Prenez le radical de la troisième personne du pluriel du présent. Ajoutez les terminaisons *-e, -es, -e, -ions, -iez, -ent.*

4. Trouvez dans le texte

a. un verbe au conditionnel

ils logeraient, on pourrait (chapitre 17)

b. un paragraphe où l'imparfait est beaucoup utilisé. Expliquez son usage ici.

«Vu d'un peu loin ça faisait un effet splendide…» (chapitre 16) L'imparfait est utilisé ici pour la description et pour des actions répétées ou habituelles dans le passé.

c. un verbe irrégulier au subjonctif. Pourquoi est-il utilisé?

«les étoiles sont éclairées afin que chacun puisse un jour retrouver la sienne» (chapitre 17) Le subjonctif est utilisé ici à cause du but (indiqué par la conjonction *afin que*).

Nom ______________________ Date ______________

Enrichissez votre vocabulaire…

Chapitre 18

poliment	politely	*une racine*	a root
aperçu	past. part. *apercevoir,* to perceive, see	*gêner*	to inconvenience, hinder
manquer	to lack		

Chapitre 19

haut(e)	high	*aiguisé(e)*	sharp
un genou	a knee	*à tout hasard*	just in case
un tabouret	a stool, footstool	*soyez*	imper. *être,* to be
apercevoir	to perceive, see	*seul(e)*	alone, lonely
d'un coup	all at once	*sec, sèche*	dry
un aiguille	a needle	*salé(e)*	salty

Chapitre 20

ayant	pres. part. *avoir,* to have	*une espèce*	a species, sort, kind
le sable	the sand	*échapper*	to escape
la neige	the snow	*faire semblant*	to pretend
fleuri(e)	in bloom	*soigner*	to nurse, take care of
stupéfait(e)	astonished	*sinon*	if not
raconter	to tell, relate	*laisser*	to leave, let

Nom ______________________ Date ______________

A découvrir…

Répondez par écrit à ces questions. Après, discutez-les avec toute la classe.

Chapitre 18

1. Qui est-ce que le petit prince rencontre et qu'est-ce qu'il lui demande?

   Il rencontre une seule fleur. Il lui demande, «Où sont les hommes?»

2. Selon la fleur, combien d'hommes y a-t-il au monde?

   Il y a six ou sept hommes au monde selon la fleur.

3. La fleur dit que les hommes «manquent de racines», ce qui «les gêne beaucoup», et que «le vent les promène». Quelles pourraient être ces racines? Que peut représenter le vent?

   ***(Réponse personnelle)* Les «racines» pourraient être nos liens avec les autres, avec la nature, avec la terre, ou la religion, une philosophie de la vie. C'est gênant et difficile de vivre sans être attaché et soutenu par ces «racines». Sans elles on est plus facilement balayé ici et là par les «vents» de l'esprit: les doutes, la peur, toutes les émotions, et les «vents» de la société: l'opinion, la mode, les demandes, les exigences des autres.**

4. Quel est le sentiment provoqué par la description que donne la fleur des hommes? Quel est le sentiment provoqué par l'usage du mot «adieu» plutôt que de l'expression «au revoir»?

   ***(Réponse personnelle)* La description des hommes laisse un sentiment de solitude, de tristesse, de mélancolie, d'isolement: on ne peut pas être sûr de les trouver! «Adieu» veut dire qu'on se quitte pour toujours, qu'on ne va jamais se retrouver. On est très seul dans ce monde, c'est rare de rencontrer les gens…**

Nom ______________________ Date ______________

Chapitre 19

5. Pourquoi le petit prince a-t-il fait l'ascension d'une haute montagne? A-t-il pu satisfaire son désir?

   Il voulait voir toute la planète en même temps et découvrir où se trouvaient les hommes. Mais il n'a pu faire ni l'un ni l'autre.

6. Comment le petit prince décrit-il la planète Terre et les hommes qui l'habitent?

   Il dit qu'elle est toute sèche, toute pointue, toute salée et que les hommes manquent d'imagination.

7. Quel sentiment éprouvez-vous en lisant cette description de la terre des hommes?

   ***(Réponse personnelle)* C'est aussi triste que les idées de la fleur du désert, et frustrant. Espérons qu'il se trompe un peu!**

8. Le petit prince et la fleur du désert raisonnent un peu de la même façon. Expliquez comment. Donnez un exemple où nous portons des jugements sans trop d'expérience personnelle.

   Ils font de trop grandes généralisations d'après leur propre expérience. *(Réponse personnelle)* Nous portons des jugements sur les situations des individus dont nous lisons les nouvelles dans les journaux. On a une expérience malheureuse à faire quelque chose (faire du cheval, par exemple) et on y renonce à jamais.

   Notez: La même leçon existe dans l'histoire des aveugles qui donnent une définition de l'éléphant d'après leur expérience personnelle de l'animal: l'un tient la queue, un autre touche une patte, un autre le tronc, etc.

Nom ______________________ Date ______________

Chapitre 20

9. Qui est-ce que le petit prince rencontre maintenant?

 Il rencontre cinq mille roses dans un jardin.

10. Comment sa fleur à lui réagirait-elle si elle savait l'existence de ce jardin?

 Elle serait vexée et humiliée. Elle tousserait pour cacher sa confusion et ferait semblant de mourir. Elle pourrait même vraiment mourir pour humilier le petit prince aussi.

11. Quels sentiments font pleurer le petit prince? Pensez-vous qu'il ait raison d'être malheureux? Expliquez.

 Le petit prince est déçu. Il se croyait un grand prince, il pensait que sa fleur était unique. *(Réponse personnelle)* Oui, il a raison d'être malheureux: il a découvert qu'il n'était pas un prince important et que sa fleur n'était pas tellement spéciale non plus./Non, l'important serait de simplement juger s'il est heureux dans sa vie.

12. Indiquez une citation qui vous semble importante, intéressante, touchante ou amusante.

 (Au choix)

Nom ________________________ Date ______________

Contrôle grammatical

L'Accord du participe passé, le plus-que-parfait du subjonctif

L'Accord du participe passé

1. Donnez la règle pour l'accord du participe passé dans les temps composés des verbes (dans le passé composé et le plus-que-parfait, par exemple) pour

   a. les verbes transitifs

   Le participe passé s'accorde avec l'objet direct quand il précède le verbe.

   b. les verbes intransitifs

   Le participe passé s'accorde avec le sujet.

   c. les verbes réfléchis

   Le participe passé s'accorde avec l'objet direct quand il précède le verbe.

2. Trouvez dans le texte un verbe au passé composé avec un accord du participe passé. Notez-le ici en indiquant à quelle règle il se conforme.

   «Les hommes?... Je *les* ai aperçus...» Le participe passé s'accorde avec l'objet direct quand il précède le verbe.

Le Plus-que-parfait du subjonctif

3. Notez l'usage du plus-que-parfait du subjonctif dans la phrase «Les seules montagnes qu'il eût jamais connues étaient les trois volcans...» Le verbe *eût* est l'imparfait du subjonctif du verbe *avoir.* Il fonctionne ici comme verbe auxiliaire suivi par le participe passé. Pourquoi est-ce que le subjonctif est utilisé ici? Pourquoi y a-t-il un accord du participe passé?

   On utilise le subjonctif après un superlatif. Il y a un accord avec l'objet direct «montagnes» parce qu'il précède le verbe.

Le Petit Prince — Chapitre 21

Nom ______________________ Date ____________

Enrichissez votre vocabulaire...

un renard	a fox	*se taire*	to be silent
un pommier	an apple tree	*le coin*	the corner
apprivoiser	to tame	*un malentendu*	a misunderstanding
un fusil	a gun	*le lendemain*	the next day
chasser	to hunt	*dès*	from
élever	to raise	*s'inquiéter*	to worry
une poule	a chicken	*le prix*	the price
créer	to create	*le cœur*	the heart
un lien	a tie, bond	*une vigne*	a vine, vineyard
semblable	like	*proche*	near
un(e) chasseur (-se)	a hunter	*souhaiter*	to wish
soupirer	to sigh	*vide*	empty
s'ennuyer	to be bored	*un(e) passant(e)*	a passerby
un bruit	a noise	*arroser*	to water
un pas	a step	*abriter*	to shelter
hors de	outside of	*tuer*	to kill
un terrier	a burrow	*une chenille*	a caterpillar
un champ	a field	*un papillon*	a butterfly
le blé	(the) wheat	*se plaindre*	to complain
inutile	useless	*se vanter*	to boast
l'or (m)	(the) gold	*la vérité*	the truth
doré(e)	golden	*afin de*	in order to

Nom ______________________ Date ______________

A découvrir...

Répondez par écrit à ces questions. Après, discutez-les avec toute la classe.

1. Pourquoi le renard ne peut-il pas jouer avec le petit prince?

Il ne peut pas jouer avec lui parce qu'il n'est pas apprivoisé.

2. Que veut dire «apprivoiser» pour le renard?

«Apprivoiser» veut dire créer des liens, se faire un ami, qu'on aura besoin l'un de l'autre, que l'un sera unique au monde pour l'autre.

Notez: Ce sera peut-être le vrai chapitre clef du livre. Il traite de l'amitié, des liens, de la vraie communion au-delà de la communication. Le petit prince avait dit qu'il cherchait des amis. Le renard a pu l'aider dans sa recherche. Il lui a appris comment apprivoiser quelqu'un, créer des liens, le rendre unique. Et finalement, le renard devient le premier ami du petit prince sur Terre. Notez aussi: Discutez le sens propre du mot «apprivoiser».

3. Quelles sont les réflexions du renard qui font penser au petit prince que sa fleur l'a apprivoisé?

Quand on est apprivoisé on a besoin l'un de l'autre. Chacun, aux yeux de l'autre, est unique au monde.

4. Le blé prendra une nouvelle valeur pour le renard qui ne mange pas de pain: c'est la même couleur des cheveux du petit prince et il lui rappellera son nouvel ami. Donnez un exemple personnel d'une chose peu intéressante qui a pris une nouvelle importance à cause d'un souvenir qui y est associé.

***(Réponse personnelle)* Entendre ou lire le mot «extraordinaire» me fait toujours penser à une copine, pleine de vie, parce qu'elle prononçait chaque syllabe de ce mot séparément et avec beaucoup de joie et d'énergie.**

Notez: Quel est le prix du bonheur? L'agitation et l'inquiétude de la peur de le perdre. C'est peut-être d'être malheureux aussi. Mais même si le renard va pleurer du départ du petit prince, il gagne à cause de la couleur du blé. C'est-à-dire que sa vie a été enrichie par l'expérience de l'amitié; la couleur du blé lui rappellera cette richesse.

Nom ______________________________ Date ____________________

5. Le petit prince veut bien apprivoiser le renard, mais il dit qu'il n'a pas beaucoup de temps, qu'il a des amis à découvrir et beaucoup de choses à connaître. Où se trouve la faiblesse dans son raisonnement?

Il ne va jamais découvrir des amis, connaître beaucoup de choses s'il ne prend pas le temps de le faire.

Notez: Il faut apprécier la longue durée du temps qu'on prend pour vraiment apprivoiser un animal; c'est pareil quand on «apprivoise» une personne!

6. «Les hommes n'ont plus le temps de rien connaître. Ils achètent des choses toutes faites chez les marchands.» Est-ce que l'on peut acquérir l'amitié «toute faite»? Expliquez.

Non. «Tout fait» veut dire que quelqu'un y a déjà mis du travail. Pour se faire un ami c'est la personne qui fait l'effort qui gagne l'ami!

Notez: On peut discuter ici la mentalité de notre société de consommation. Nous achetons des choses sans avoir mis un grand effort dans leur production, et nous avons l'habitude de les jeter aussitôt que nous nous en fatiguons, sans leur avoir accordé beaucoup de respect.

7. Le renard dit au petit prince de ne pas parler pendant qu'il l'apprivoise. Que dit-il du langage? Qu'en pensez-vous? Est-il possible de communiquer et d'écouter avec le cœur, sans parler?

Le renard dit que le langage est source de malentendus. *(Réponse personnelle)* Il faut faire attention à ce que nous disons aux autres. Il faut faire attention à notre façon d'interpréter ce qu'on nous dit. Il faut savoir pardonner les mots mal choisis. Le langage est de toute façon un instrument assez inexact pour vraiment exprimer les nuances d'émotion, les finesses de nos expériences et ce qui vient du fond du cœur. Oui, on peut écouter avec le cœur et faire plus confiance à l'intuition.

Nom ______________________________ Date ______________

8. Le renard dit qu'il faut des rites. Citez-en quelques-uns dans notre société. Donnez un exemple d'un rite qui est peut-être quelque chose de trop oublié dans notre société.

(*Réponse personnelle*) Un rite c'est de fêter l'anniversaire de la naissance d'une personne. Un autre est la remise des diplômes à la fin des études universitaires. Un rite qui est peut-être quelque chose de trop oublié dans notre société d'aujourd'hui est de prendre tous les repas du soir avec toute la famille pour passer des moments agréables ensemble.

Notez: Y a-t-il peut-être des rites que nous voudrions établir dans notre société?

9. Pourquoi la fleur du petit prince lui est-elle unique au monde?

La fleur lui est unique au monde parce qu'il s'est occupé d'elle, il l'a soignée, il l'a écoutée.

10. Quel est le secret que le renard partage avec le petit prince? Donnez un exemple dans la vie d'aujourd'hui où nous pourrions pratiquer cette philosophie.

On ne voit bien qu'avec le cœur. L'essentiel est invisible pour les yeux. Tu deviens responsable pour toujours de ce que tu as apprivoisé. (*Réponse personnelle*) Les apparences physiques n'ont rien à faire avec les vraies valeurs d'autrui. Il faut regarder au-delà des mauvaises humeurs passagères pour reconnaître ce qu'il y a de véritablement bon au fond de chaque personne. Une fois qu'on s'est fait un ami ou une amie, il ne faut jamais l'abandonner.

Notez: L'éléphant caché à l'intérieur du boa peut être une métaphore très simple pour l'idée de l'essentiel qui est caché aux yeux. Il n'est vu qu'à un autre niveau de la réalité. Notez aussi: Contempler la différence entre le cœur et la raison. Considérer ce qu'a dit Pascal: «Le cœur a ses raisons que la raison ne connaît point.»

Nom ______________________ Date ______________

11. Le renard dit au petit prince, «C'est le temps que tu as perdu pour ta rose qui fait ta rose si importante.» Est-ce vraiment du temps perdu dans le sens propre du mot? Expliquez ce qu'il veut dire.

Non, ce n'est pas du tout du temps perdu. Ce ne serait du temps perdu que pour quelqu'un ayant une mentalité adulte, qui noterait soigneusement les heures et les minutes qu'il passe à chaque occupation de sa journée. C'est plutôt du temps qu'on a pris ou qu'on a passé, sans avoir minutieusement calculé chaque moment et sans avoir toujours jugé si c'était du temps bien ou mal passé. C'est le temps qu'on prend et qu'on passe avec quelqu'un qui le rend si important.

12. Indiquez une citation qui vous semble importante, intéressante, touchante ou amusante.

(Au choix)

Contrôle grammatical

Le Futur antérieur, le conditionnel passé, le plus-que-parfait (révision); les phrases conditionnelles

Le Futur antérieur

A. Le futur antérieur est formé avec le verbe auxiliaire (*avoir* ou *être*) au futur et le participe passé du verbe principal. Il peut indiquer

1. une action future antérieure à une autre action au futur: Quand tu *auras terminé,* tu pourras partir.
2. une action qui sera accomplie à un certain moment dans le futur: Il *aura fini* dans un an.
3. un fait passé imaginé: Elle ne répond pas au téléphone; elle *sera* déjà *partie.*

Nom ______________________ Date ______________

1. Trouvez un exemple du futur antérieur dans le texte et écrivez-le ici. Pourquoi est-il utilisé?

«Alors ce sera merveilleux quand tu m'*auras apprivoisé*!» Le futur antérieur est utilisé ici pour exprimer une action future antérieure (quand tu m'auras apprivoisé) à une autre action au futur (ce sera merveilleux).

Le Conditionnel passé

B. Le conditionnel passé est formé avec le verbe auxiliaire (*avoir* ou *être*) au conditionnel et le participe passé du verbe principal: *J'aurais aimé* aller avec elle.

Le Plus-que-parfait

2. Révisez la formation du plus-que-parfait dans le **Contrôle grammatical** du chapitre 8.

Le plus-que-parfait est formé avec le verbe auxiliaire à l'imparfait et le participe passé.

Les Phrases conditionnelles

C. Voici un résumé des temps des verbes utilisés dans les phrases conditionnelles. Notez bien qu'il n'y a pas d'exception à cette formule.

Proposition conditionnelle avec *si* **(condition, hypothèse)**	**Proposition principale** **(conséquence, résultat)**
Présent	Futur Présent Impératif
Imparfait	Conditionnel
Plus-que-parfait	Conditionnel passé

Nom ______________________________ Date ________________

3. Trouvez dans le texte

   a. une phrase conditionnelle avec un verbe à l'impératif dans la proposition principale

   «Si tu *veux* un ami, *apprivoise*-moi!»

   b. une phrase conditionnelle avec un verbe au conditionnel dans la proposition principale

   «Si les chasseurs dansaient n'importe quand, les jours se *ressembleraient* tous, et je n'*aurais* point de vacances.»

   *Notez: D'autres phrases conditionnelles sont «Mais si tu m'*apprivoises, *nous* aurons *besoin l'un de l'autre.» «Si tu* viens*…à quatre heures…dès trois heures je* commencerai *d'être heureux.» «Mais si tu* viens *n'importe quand, je ne* saurai *jamais à quelle heure m'habiller le cœur…»*

4. Complétez les phrases conditionnelles suivantes, basées sur cette phrase du texte: «Mais si tu m'apprivoises, ma vie sera comme ensoleillée.»

   a. Mais si tu m'apprivoisais, ma vie **serait** comme ensoleillée.

   b. Mais si tu m'avais apprivoisé, ma vie **aurait été** comme ensoleillée.

Commentaire

Le renard dit, «Tu deviens responsable pour toujours de ce que tu as apprivoisé.» Que pensez-vous de cette idée? Dites si vous êtes d'accord ou non et soutenez votre point de vue. Écrivez un paragraphe d'une demi-page. N'oubliez pas, bien sûr, de bonnes phrases d'introduction et de conclusion. Un bon titre original, qui reflète le contenu de votre commentaire, est indispensable.

Discutez vos idées en classe avant de commencer. Notez-les à la page suivante.

Nom ______________________ Date ______________

Des étudiants penseront au divorce et pourront discuter peut-être les droits de l'enfant aussi bien que ceux des époux. On peut traiter également de l'amitié. Être responsable peut vouloir dire beaucoup de choses, à plusieurs niveaux.

Nom ______________________ Date ____________

Enrichissez votre vocabulaire…

Chapitre 22

un aiguilleur	a railway switchman	*pressé(e)*	in a hurry
trier	to sort out	*poursuivre*	to pursue
expédier	to send	*là-dedans*	inside
emporter	to carry away	*bâiller*	to yawn
tantôt…tantôt	sometimes…sometimes	*écraser*	to crush
un rapide	an express train	*une vitre*	a windowpane
gronder	to rumble, roar	*une poupée*	a doll
le tonnerre	(the) thunder	*un chiffon*	a rag
une cabine d'aiguillage	a switching cabin	*la chance*	(the) luck

Chapitre 23

un(e) marchand(e)	a merchant	*un besoin*	a need
une pilule	a pill	*épargner*	to save
apaiser	to appease	*dépenser*	to spend
avaler	to swallow	*doucement*	slowly
éprouver	to feel, experience		

Nom ______________________ Date ______________

A découvrir…

Répondez par écrit à ces questions. Après, discutez-les avec toute la classe.

Chapitre 22

1. Que fait l'aiguilleur?

   Il fait le tri des voyageurs dans les trains.

2. Décrivez le comportement des voyageurs (à part les enfants) dans les trains. Notez trois choses. Qu'est-ce que ces comportements peuvent nous dire de leur attitude envers la vie?

   Ils ne sont pas contents là où ils sont, ils ne poursuivent rien, ils dorment ou ils bâillent. Ils ne montrent pas beaucoup d'enthousiasme pour la vie. Ennuyés, ils n'y font plus attention. Ils ne semblent pas savoir comment s'y prendre. Les activités sans but ne donnent pas de sens à leur vie. Ils semblent très éloignés du vrai sens de la vie.

   Notez: Cet image des trains pleins de gens qui ne savent pas où ils vont et qui ne sont jamais contents là où ils se trouvent souligne l'absurdité de la vie. Saint-Exupéry ne nous abandonnera pas ici, bien sûr. Ce serait l'amitié, l'amour et le sens de la responsabilité envers ceux que nous aimons qui donneront un sens à la vie.

3. Les voyageurs sont bien pressés même s'ils ne savent pas ce qu'ils veulent. Donnez un exemple dans la vie moderne où l'on s'occupe de quelque chose avec beaucoup d'activité ou d'attention qui finalement n'a pas de sens ou de valeur.

   ***(Réponse personnelle)* On peut suivre un cours à l'école ce qui nous prend beaucoup d'énergie mais qui n'aura pas finalement beaucoup de valeur dans la vie personnelle. On peut regarder la télévision pendant des heures et puis se rendre compte qu'on n'a rien vu qui ait de la valeur. On peut trop parler avec les autres ce qui nous laisse épuisés d'énergie.**

Nom ______________________ Date ______________

4. «On n'est jamais content là où l'on est.» Trouvez un exemple de cette idée dans le monde d'aujourd'hui.

   (Réponse personnelle) **On est à l'école et on préfère être à la plage; on est à la plage et on pense au dîner du soir; on prend le dîner et on pense à ce qu'on fera le week-end.**

5. D'après le petit prince, pourquoi les enfants ont-ils de la chance? Donnez un exemple de votre enfance qui démontre cette chance des enfants de prendre plaisir à faire quelque chose de très simple.

   Ce sont les enfants qui savent ce qu'ils cherchent. *(Réponse personnelle)* **Quand j'étais enfant, je voulais que ma tante chante avec moi. Je voulais me promener dans le jardin et chercher de jolies pierres.**

6. Les enfants perdent du temps pour une poupée de chiffons. Est-ce vraiment perdre du temps? Que disait le renard sur la perte du temps? Que voulait-il dire? Qui dans ce chapitre perd véritablement du temps, dans le sens propre du mot?

   Non, ce n'est vraiment pas perdre du temps. Ce sont les enfants qui sont passionnés par la vie. Le renard disait que c'était le temps perdu pour quelque chose qui lui donnait son importance. Ce sont les voyageurs adultes qui perdent du temps dans le sens propre du mot «perdre».

7. Que peut représenter le train?

   Le train peut représenter la vie.

Nom ______________________ Date ______________

Chapitre 23

8. Que vend le marchand? Pourquoi les trouve-t-il utiles?

Le marchand vend des pilules qui apaisent la soif. En prenant une pilule, on n'a pas soif pendant une semaine.

9. Que ferait le petit prince s'il avait cinquante-trois minutes à dépenser? Trouve-t-il donc utile l'invention du marchand?

Avec cinquante-trois minutes à dépenser, le petit prince se dirigerait lentement vers une fontaine. Il ne trouverait pas trop utile l'invention du marchand!

Notez: Nous avons ici avec le marchand le raisonnement de l'adulte qui a complètement perdu le fil de ce qui est important dans la vie. Il pense que boire de l'eau est une perte de temps.

10. Donnez un exemple personnel où, en pensant que nous économisons du temps, nous nous privons du plaisir, de la joie et de la douceur de faire quelque chose plus longuement, en y prenant du temps et même en y perdant du temps.

***(Réponse personnelle)* Nous préférons aller dans un endroit proche en prenant la voiture. Nous pensons que nous économisons du temps et notre énergie physique, mais d'y aller à pied serait tellement plus agréable!**

Nom ______________________ Date ______________

11. Le marchand pense avoir une bonne idée, mais il raisonne avec la tête et pas avec le cœur. Donnez un exemple ou, éperdu d'admiration pour une invention ou pour une idée originale, nous ne voyons pas qu'elle ne contribue pas au bonheur de l'homme et que même elle supprime ce bonheur.

(Réponse personnelle) **Nous achetons de très petites radios portatives et nous les écoutons pendant que nous marchons dans la rue, lors d'une pique-nique ou pendant une sortie à la campagne. Nous aurons perdu le bonheur plus simple et moins confus de regarder autour de nous et d'apprécier plus amplement ce que nous y trouvons./Nous sommes fiers de nos découvertes dans le domaine de l'énergie nucléaire, mais c'est une force qui peut détruire le monde entier.**

Notez: Nous terminons avec ce chapitre toutes les rencontres du petit prince qui précède sa rencontre avec Saint-Exupéry. Nous avons vu beaucoup d'exemples du comportement adulte. Mais ne sommes-nous pas tous l'adulte et l'enfant en même temps? Ne voulons-nous pas tous aspirer à révéler et à vivre l'enfant dans chacun de nous, qui existe mais qui est caché sous la façade, l'illusion de l'adulte, de découvrir et d'avoir l'expérience de notre vraie nature? Il faut enlever la couche superposée de nos habitudes mondaines d'adulte.

12. Indiquez une citation qui vous semble importante, intéressante, touchante ou amusante.

(Au choix)

Nom ______________________ Date ______________

Contrôle grammatical

Le Participe présent, les phrases conditionnelles (révision)

Le Participe présent

1. Comment formez-vous le participe présent? (Revoir le **Contrôle grammatical** du chapitre 8.)

   Prenez le radical du présent de l'indicatif, à la première personne du pluriel. Ajoutez la terminaison *-ant:* nous donnions → donnant, nous finissions → finissant, nous buvions → buvant

2. Comment peut-on utiliser le participe présent?

   Le participe présent est utilisé comme (a) nom: un(e) *croyant(e)*, un(e) *passant(e);* (b) adjectif: un livre *amusant*, une histoire *amusante* (notez l'accord); ou (c) forme verbale: Elle est tombée en *traversant* la rue. (Ici il n'y a pas d'accord.)

3. Quelles sont les formes irrégulières du participe présent pour les verbes *avoir, être* et *savoir?*

   ayant — étant — sachant

4. Trouvez un participe présent dans le texte.

   grondant (chapitre 22)

Chapitres 22–23

Nom ______________________ Date ______________

Les Phrases conditionnelles

5. Reproduisez ici le schéma des temps des verbes utilisés dans les phrases conditionnelles. (Voir le **Contrôle grammatical** pour chapitre 21.)

Proposition conditionnelle avec *si* (condition, hypothèse)	**Proposition principale** (conséquence, résultat)
Présent	Futur Présent Impératif
Imparfait	Conditionnel
Plus-que-parfait	Conditionnel passé

6. Trouvez une phrase conditionnelle dans le texte et identifiez les temps des verbes utilisés.

«Si j'avais (imparfait) cinquante-trois minutes à dépenser, je marcherais (conditionnel) tout doucement vers une fontaine…» (chapitre 23).

Le Petit Prince — Chapitre 24

Nom ______________________ Date ______________

Enrichissez votre vocabulaire…

une panne	a breakdown	*un trésor*	a treasure
une goutte	a drop	*enfouir*	to bury
s'agir de	to be a question of	*le fond*	the bottom
la faim	(the) hunger	*ému(e)*	moved
suffire	to be enough	*la lumière*	the light
un puits	a well	*la lune*	the moon
apercevoir	to see, perceive	*le front*	the forehead
un rêve	a dream	*une mèche*	a lock (of hair)
une fièvre	a fever	*une écorce*	a shell, husk
se taire	to keep quiet	*la lèvre*	a lip
auprès de	beside	*entr'ouvert(e)*	half-open, parted
un pli	a fold, undulation	*ébaucher un sourire*	to give a hint of a smile
le sable	the sand	*s'émouvoir*	to be moved
rayonner	to radiate, shine	*un coup de vent*	a gust of wind
embellir	to embellish, make beautiful	*éteindre*	to extinguish, put out

A découvrir…

Répondez par écrit à ces questions. Après, discutez-les avec toute la classe.

1. Dans quelle situation difficile se trouvait Saint-Exupéry?

   Son avion n'était pas encore réparé et il n'y avait plus d'eau: il allait mourir de soif.

   Notez: Il y a une bonne juxtaposition de faits dans l'histoire. Le petit prince vient de terminer son récit du marchand de pilules qui apaisent la soif; Saint-Ex constate qu'il ne leur reste pas d'eau.

Nom ________________________ Date ______________

2. De quoi préférait parler le petit prince? Est-ce que vous vous rappelez d'une autre situation où le petit prince trouvait quelque chose de plus importante que les préoccupations de l'auteur?

Il préférait parler du renard et de l'importance d'avoir eu un ami. Dans le chapitre 7, le petit prince voulait savoir pourquoi les fleurs avaient des épines, une question qui l'inquiétait beaucoup tandis que Saint-Ex se préoccupait de la réparation de son avion.

3. Saint-Exupéry et le petit prince se sont enfin mis en marche pour chercher un puits. Pourquoi Saint-Exupéry trouvait-il cette idée absurde?

Ils étaient en plein milieu du désert; chercher un puits au hasard n'avait pas de sens.

4. Dans quelle condition physique se trouvait Saint-Exupéry?

Il avait un peu de fièvre à cause de sa soif. Il voyait les étoiles comme dans un rêve.

Notez: Les mots du petit prince dansent dans sa tête aussi. Est-il sur le point d'avoir des hallucinations? Le désert a toujours été le lieu de grandes révélations spirituelles sur la vraie nature de l'homme. Et, comme Saint-Exupéry a véritablement vécu et passé beaucoup de temps dans le désert du Sahara, il est tout à fait possible qu'il ait eu de vraies révélations profondes au cours de ses expériences. Est-ce qu'ici dans son récit l'auteur fait allusion à une vraie expérience personnelle de révélation?

Nom ______________________ Date ______________

5. Quelles sont les actions de Saint-Exupéry qui servaient comme preuves de son amitié pour le petit prince?

Il accepte de chercher un puits avec le petit prince, même si cette idée lui semble absurde. Il a donné tout ce qui lui restait de son énergie pour le faire. Et, finalement, quand le petit prince lui-même ne peut plus marcher, au bout de ses forces physiques, Saint-Ex le prend dans ses bras pour continuer sa recherche.

Notez: Discutez, avec les réponses aux questions qui suivent, le symbolisme dans cette recherche. Elle semble être sans raison, mais il n'y a pas d'alternative. L'auteur sacrifie ses dernières forces physiques et humaines pour continuer sa quête pour cette chose sans laquelle l'homme ne peut plus vivre, sans laquelle il mourra. Voyez la question numéro 10 qui traite du symbolisme de la soif et de l'eau.

6. «Ce qui embellit le désert, dit le petit prince, c'est qu'il cache un puits quelque part...» Trouvez au moins deux autres exemples dans ce chapitre de quelque chose de précieux qui est caché, que l'on ne voit pas.

La fleur est sur l'étoile, le trésor est sous la maison et à l'intérieur de l'«écorce» du corps du petit prince, l'image d'une rose rayonne comme une lampe.

Notez: Discutez les possibilités de ce que ces symboles peuvent représenter: la demeure peut être la personne, le trésor caché le cœur, l'amour, Dieu, l'âme, le moi, la partie supérieure de l'être, etc. Malgré nos apparences et nos façons de nous comporter, vues de l'extérieur, il y a caché, dans chacun de nous, des richesses d'une valeur inestimable. Quelles autres richesses est-ce que le trésor peut représenter? Regardez aussi les questions 10 et 11.

7. Donnez un exemple personnel d'une chose qui a une beauté extérieure à cause d'une chose précieuse cachée à l'intérieur.

***(Réponse personnelle)* Un vieux livre usé nous semble beau à cause du message chéri dans le texte à l'intérieur. Certainement les personnes que nous aimons nous semblent de plus en plus belles physiquement quand notre affection pour elles augmente.**

8. D'après le renard, on ne voit bien qu'avec le cœur. Quelle émotion est-ce que nous voyons ou ressentons avec le cœur?

C'est l'amour que nous ressentons avec le cœur.

Notez: Il y aura peut-être d'autres réponses aussi.

Nom ______________________ Date ______________

9. De quelles autres paroles du renard devons-nous nous rappeler ici? (Voir le chapitre 21.)

«L'essentiel est invisible pour les yeux.»

Notez: Réfléchissez encore sur les mots de Pascal, «Le cœur a ses raisons que la raison ne connaît point.»

10. Le petit prince dit que l'eau peut aussi être bonne pour le cœur. Que peut représenter l'eau? Que peut donc représenter la soif?

(Réponse personnelle) **Ils ont trouvé dans l'eau l'objet, le prix, de leur recherche, l'amitié, l'amour. L'eau n'est pas simplement un élément de la terre, c'est ce qu'on trouve après un long effort, la réunion avec notre nature spirituelle. La soif est l'envie, ce désir ardent de retrouver ses liens avec les autres, avec le moi, avec Dieu. L'eau peut représenter le baptême et une nouvelle profession de foi.**

11. Que peut représenter l'écorce? La flamme d'une lampe?

(Réponse personnelle) **L'écorce peut représenter le corps physique. La flamme peut être le moi, l'amour, la partie supérieure de l'être, l'essence, l'âme.**

12. La marche dans le désert semblait une perte de temps, mais quel en était le résultat? Qu'avez-vous trouvé au sujet de la perte du temps dans votre discussion lors des questions des chapitres 22 et 23?

(Réponse personnelle) **Ils sont arrivés au but de leur recherche. Ils ont trouvé l'eau, l'amitié, l'amour, la révélation de la vraie nature de l'homme. Selon le renard, c'est le temps perdu pour quelque chose qui lui donne son importance. Mais une perte de temps pour lui voulait dire du temps pris, donné ou consacré à quelque chose.**

Notez: Discutez aussi le symbolisme de la découverte de l'eau ayant eu lieu au lever du jour.

Nom ______________________ Date ______________

13. Indiquez une citation qui vous semble importante, intéressante, touchante ou amusante.

(Au choix)

Contrôle grammatical

Le Plus-que-parfait, le participe présent, les phrases conditionnelles, le subjonctif (révision)

Trouvez dans le texte

a. un verbe au plus-que-parfait

j'avais écouté

b. trois participes présents

buvant | **ayant** | **marchant**

c. une phrase conditionnelle

«je serais heureux, moi aussi, si je pouvais marcher tout doucement vers une fontaine!»

d. un verbe au présent du subjonctif. Pourquoi ce verbe est-il utilisé?

«Je suis content…que tu *sois* d'accord avec mon renard.» Le subjonctif est utilisé ici après une expression d'émotion.

Notez: Il y a aussi un verbe à l'imparfait du subjonctif dans la phrase «Il me semblait même qu'il n'y eût *rien de plus fragile sur la Terre».*

Le Petit Prince

Chapitre 25

Nom ________________________ Date ______________

Enrichissez votre vocabulaire...

s'enfourner	to shut oneself up	*un aliment*	(a) food, nourishment
la peine	(the) pain, trouble, difficulty	*la messe*	(the) Mass
atteindre	to attain, reach	*aveugle*	blind
un trou	a hole	*le miel*	(the) honey
creuser	to dig, hollow out	*une muselière*	a muzzle
prêt(e)	ready	*une ébauche*	a rough sketch
une poulie	a pulley	*un chou*	a cabbage
un seau	a bucket	*fier, fière*	proud
gémir	to groan, moan	*une corne*	a horn
une girouette	a weather vane	*serré(e)*	tight, contracted
lourd(e)	heavy	*le cœur serré*	sick at heart
hisser	to hoist, raise	*la chute*	the fall
une margelle	an edge	*rougir*	to blush
d'aplomb	upright, steadily	*de nouveau*	again
soulever	to raise, lift up	*éprouver*	to feel, experience
la lèvre	the lip		

Nom ______________________ Date ______________

A découvrir…

Répondez par écrit à ces questions. Après, discutez-les avec toute la classe.

1. Décrivez le puits que Saint-Exupéry et le petit prince ont trouvé.

Le puits n'était pas du tout comme les puits du désert; il était plutôt comme ceux que l'on trouverait dans un village.

Notez: Saint-Exupéry dit qu'il croyait rêver. Il transmet toujours le sentiment d'hallucination. Notez aussi: Il y a bien d'autres choses à discuter au sujet du puits. Est-ce un miracle? Un mirage? Que tout soit prêt, poulie, seau et corde, est-ce vouloir dire que tout dans la vie est là et prêt pour nous, qu'on n'a qu'à le chercher? Que veut-il dire, «réveiller» le puits? Que signifie le soleil qui tremble dans l'eau?

2. Le petit prince dit qu'il a soif de cette eau-là, comme s'il s'agit d'une eau spéciale. Si cette eau que cherchaient Saint-Exupéry et le petit prince est bien autre chose qu'un aliment, qu'est-ce que c'est?

(Réponse personnelle) **C'est peut-être l'amitié, l'amour, la preuve de l'effort de les avoir cherchés. C'est peut-être un symbole comme le baptême.**

Notez: Le désert pourrait représenter le monde: comme il est difficile de trouver de l'eau dans le désert, il faut faire un effort aussi pour trouver ce qu'il y a d'important dans le monde. Regardez aussi les réponses du chapitre 24.

3. Qu'est-ce que le petit prince cherchait? L'a-t-il trouvé? Et qu'a trouvé Saint-Exupéry?

Le petit prince cherchait un ami, ce qu'il a trouvé dans l'auteur. Saint-Exupéry a fait preuve de son amitié dans sa quête pour l'eau. Saint-Exupéry aussi a trouvé un ami, ou peut-être qu'il s'est retrouvé soi-même.

Nom ______________________ Date ______________

4. Le petit prince dit que les hommes cultivent cinq mille roses dans un même jardin et ils n'y trouvent pas ce qu'ils cherchent. Et cependant ce qu'ils cherchent pourrait être trouvé dans une seule rose ou un peu d'eau. Quelle est la leçon ici pour nous? Trouvez dans votre vie personnelle un exemple parallèle à celui du petit prince.

   (Réponse personnelle) **Il faut simplifier la vie et concentrer notre attention sur les éléments importants pour bien les apprécier et pour bien en jouir. Au lieu de passer trop de temps avec trop de gens que je ne connais pas et que je n'aime pas spécialement, je dois me concentrer sur la richesse d'une ou deux vraies amitiés./On peut avoir trop d'argent./On peut avoir trop d'activités.**

5. «On ne voit bien qu'avec le cœur» (chapitre 21). «Il faut chercher avec le cœur.» Quelles autres choses pensez-vous que l'on doit faire avec le cœur?

   (Réponse personnelle) **On doit écouter les autres avec le cœur; on doit écouter son propre cœur; il ne faut juger qu'avec le cœur; il faut parler de son cœur; etc.**

6. Quelle promesse Saint-Exupéry devait-il tenir?

   Il devait tenir sa promesse de dessiner une muselière pour le mouton.

7. Que pensait le petit prince des ébauches de l'auteur?

   Il les trouvait amusantes parce qu'elles n'étaient pas entièrement bien faites.

8. Les ébauches ne posaient finalement pas de problème. Pourquoi?

   Le petit prince savait que les enfants allaient comprendre.

Nom ____________________ Date ____________

9. De quel anniversaire parle le petit prince? Était-ce par hasard qu'il se promenait dans cette région déserte?

C'est l'anniversaire de sa chute sur la Terre. Le petit prince n'était pas dans cette région du désert par hasard; il y était revenu exprès. Il a rendez-vous avec le serpent dans le même lieu où il l'a rencontré il y a un an.

10. Pourquoi pensez-vous que Saint-Exupéry, le cœur serré, ressentait du chagrin, de la peur?

Le petit prince lui demande de tenir sa promesse, de dessiner une muselière pour son mouton. Il dit aussi que c'est l'anniversaire de sa chute sur la Terre. Saint-Exupéry pose des questions au petit prince sur ses projets, mais sa seule réponse est que le petit prince rougit. L'auteur a le pressentiment que son ami se prépare à retourner dans sa planète.

11. Et vous, que ressentez-vous à la fin de ce chapitre?

***(Réponse personnelle)* Nous éprouvons les mêmes sentiments que l'auteur: un malaise, de l'angoisse, du chagrin, de la peur.**

12. Indiquez une citation qui vous semble importante, intéressante, touchante ou amusante.

(Au choix)

Nom ________________ Date ____________

Contrôle grammatical

Le Plus-que-parfait (révision)

1. Comment formez-vous le plus-que-parfait? (Voir le **Contrôle grammatical** du chapitre 8.)

   Le plus-que-parfait est formé de l'imparfait de l'auxiliaire (*avoir* ou *être*) plus le participe passé.

2. Comment utilisons-nous le plus-que-parfait?

   Le plus-que-parfait exprime une action qui s'est passée avant une autre action dans le passé: Vous *aviez terminé* votre travail quand nous sommes arrivés.

3. Trouvez dans le texte deux exemples de ce temps du verbe.

   nous avions atteint, il avait cherché, j'avais bu, le petit prince…s'était assis, j'étais tombé

Rédaction

Développez le parallèle fait par Saint-Exupéry entre l'eau et ce qu'elle représente. Écrivez une rédaction de cinq paragraphes de cinq à huit phrases chacun. Le premier paragraphe servira d'introduction au sujet et aux idées que vous voulez traiter. Continuez avec trois paragraphes pour développer votre thème. Soutenez votre point de vue avec ce que vous avez lu dans le texte et votre interprétation là-dessus. Votre rédaction doit comporter aussi, bien sûr, vos réflexions et vos idées personnelles. Utilisez le cinquième paragraphe pour donner la conclusion que vous tirez de vos observations. Évitez de longues citations du texte; il est mieux de les exprimer dans vos propres mots. Un bon titre original, qui reflète le contenu de votre composition, est indispensable.

Référez-vous à vos réponses aux questions ci-dessus pertinentes à ce sujet. Discutez vos idées en classe avant de commencer. Notez-les à la page suivante.

Nom ______________________ Date ______________

En plus des réponses aux questions, l'étudiant peut inclure dans sa rédaction les éléments suivants: cette eau est essentielle à la vie (comme l'est aussi le soleil dont on voit le reflet); notre soif, notre désir, pour cette eau est profond; on ne peut pas la trouver n'importe où; on ne la trouve qu'avec un grand effort.

Nom ______________________ Date ______________

Enrichissez votre vocabulaire...

à côté de	next to	*un rire*	a laugh
un mur	a wall	*au-dessus*	above
une pierre	a rock	*doux (-ce)*	sweet
le lendemain	the next day	*fleuri(e)*	abloom
là-haut	up there	*la poulie*	the pulley
pendant(e)	hanging	*un cadeau*	a gift
assis(e)	seated	*un(e) savant(e)*	a scholar
tout à fait	exactly	*se taire*	to be silent
une voix	a voice	*rire*	to laugh
l'endroit (m)	the place	*avoir envie de*	to feel like
le venin	(the) venom	*étonner*	to astonish
le cœur serré	sick at heart	*fou, folle*	crazy
abaisser	to lower	*un vilain tour*	a dirty trick
dressé(e)	raised	*au lieu de*	in place of
fouiller	to dig, go through	*un tas*	a pile, a lot
tirer	to take out, shoot	*un grelot*	a sleigh bell
prendre le pas de course	to start to run	*mordre*	to bite
un bruit	a noise	*méchant(e)*	mean, nasty
couler	to flow, sink	*rassurer*	to reassure
se faufiler	to thread, slip	*une morsure*	a bite
un cache-nez	a muffler, scarf	*s'évader*	to escape, slip away
mouiller	to moisten	*avoir tort*	to be wrong
les tempes (f)	the temples	*avoir de la peine*	to suffer
oser	to dare	*lourd(e)*	heavy
une carabine	a carbine (gun)	*une écorce*	a shell, husk
manquer	to be lacking	*rouillé(e)*	rusty
l'espérance (f)	(the) hope	*verser*	to pour
serrer dans les bras	to hug	*bouger*	to move
un abîme	an abyss	*un éclair*	a flash
glacé(e)	frozen	*la cheville*	the ankle
supporter	to endure, stand		

Nom ______________________ Date ______________

A découvrir...

Répondez par écrit à ces questions. Après, discutez-les avec toute la classe.

1. Avec qui parlait le petit prince? Pourquoi le petit prince était-il assis en haut d'un mur?

   Le petit prince parlait avec le serpent. Il était assis sur le mur parce qu'il se méfiait du serpent de peur qu'il ne le pique tout de suite!

2. De quoi le petit prince parlait-il avec le serpent? Quel rendez-vous ont-ils fixé? Pourquoi?

   Il se mettait d'accord avec le serpent sur le jour et l'endroit de son arrivée sur la Terre il y a un an. Ils fixaient un rendez-vous pour le soir. Le serpent allait le piquer avec son venin pour le faire mourir. C'était le seul moyen pour le petit prince de retourner dans sa planète.

3. Quand Saint-Ex voit le serpent, que veut-il faire? Pourquoi n'a-t-il pas réussi?

   Il veut le tuer avec son revolver. Il n'a pas pu le faire parce que le serpent s'est enfui.

   Notez: Pourquoi un éclair jaune représente-t-il bien un serpent?

4. Quelles descriptions dans le texte nous font voir que le petit prince avait peur?

   Il était pâle, il a mis ses bras autour du cou de Saint-Ex pour se réconforter, son cœur battait très fort. Les soins prodigués au petit prince par l'auteur nous laissent penser que ce dernier est dans un état de choc. (L'auteur avait défait son foulard, mouillé ses tempes et lui avait fait boire, et plus tard nous voyons que le petit prince s'est réchauffé comme s'il avait eu froid.)

   Notez: C'est dans ce passage que l'auteur mentionne encore une fois le foulard, l'éternel cache-nez d'or du petit prince. Saint-Exupéry aussi portait toujours un foulard. Est-ce que l'auteur se voit dans le petit prince? Référez-vous aux notes du chapitre 13.

Nom ______________________ Date ______________

5. Pourquoi avait-il peur?

Il savait qu'il allait mourir. Mourir, subir cette expérience inconnue, fait peur.

6. Pourquoi le retour chez le petit prince était-il plus difficile que celui de Saint-Ex?

Le petit prince ne pourra pas emporter son corps avec lui. Saint-Exupéry a pu réparer son avion, dans lequel il retournera chez lui.

Notez: Comment le petit prince aurait-il pu savoir que Saint-Ex avait réussi la réparation difficile de son avion? Comme dans le chapitre 24, ils semblent communiquer sur un autre niveau.

7. Le petit prince ne pouvait pas emporter son corps trop lourd pour retourner dans sa planète. Sans le corps que peut-il rester? Où peut-on aller?

***(Réponse personnelle)* Il peut rester le cœur, l'âme, etc. (ou rien). On peut aller n'importe où, dans les autres planètes, dans des voyages à un niveau astral, au paradis, etc. (ou nulle part).**

8. Quel était le cadeau que le petit prince a fait à Saint-Exupéry?

Le petit prince lui a fait le cadeau des étoiles qui riraient, parce qu'il rirait dans l'une d'elles.

9. Pourquoi le petit prince pleurait-il? Relisez les derniers mots du chapitre 25. Qu'avait dit le renard?

Le petit prince pleurait parce qu'il allait quitter son ami. Le renard avait dit qu'on risque de pleurer si on se laisse apprivoiser. Le petit prince a été apprivoisé par Saint-Exupéry.

Notez: Et est-ce que Saint-Ex a été apprivoisé par le petit prince aussi?

Nom ______________________ Date ____________

10. Comment le petit prince est-il mort?

Il est mort du venin du serpent.

Notez: Dans certaines philosophies de l'orient, l'énergie ou le pouvoir divin, nommé Kundalini, est symbolisé par un serpent qui demeure enroulé à la base de la colonne vertébrale. Au moment de l'initiation, cette force subtile est éveillée et ultimement accorde l'expérience de la Conscience Suprême. On dit aussi que c'est une prédiction certaine de libération d'être mordu par un serpent au grand doigt de la main droite.

11. Indiquez une citation qui vous semble importante, intéressante, touchante ou amusante.

(Au choix)

12. Le petit prince avait-il accompli le but de son voyage? Avait-il finalement trouvé ce qu'il cherchait? Expliquez.

Oui, il avait accompli le but de son voyage. Il s'est instruit au cours de ses rencontres auprès d'une grande variété de gens et il a finalement trouvé l'amitié et un ami.

13. Saint-Exupéry a réussi la réparation difficile sur son avion. Il peut maintenant repartir. Quelle autre chose importante a-t-il accomplie après ses huit jours dans le désert? Qu'a-t-il trouvé?

Il a trouvé un ami, l'amour et, bien sûr, bien d'autres choses aussi. Si c'était une voix qui venait de l'intérieur de lui ou si c'était véritablement un petit être tout à fait charmant et tout à fait incroyable, il a pris conscience d'une philosophie qui peut guider sa vie.

Nom ____________________ Date ______________

14. Le petit prince porte un cache-nez, un foulard, comme le portait l'auteur alors pilote dans la vie. Est-ce que cela nous donne une indication d'une identité cachée de ce petit bonhomme que nous aimons tellement?

C'est peut-être la représentation de l'auteur lui-même et une conversation intérieure qu'il tient en lui-même. Le petit prince est peut-être son double, le moi, son âme, la partie supérieure de son être, son ange gardien…

15. Le petit prince ne répond pas quand Saint-Ex lui demande comment il savait qu'il avait réussi sa réparation sur son avion. Que pensez-vous?

Ils sont tellement liés par l'esprit qu'ils peuvent peut-être communiquer d'une façon autre que par des mots.

Notez: Nous avons vu d'autres exemples où le petit prince répond au pensée de l'auteur. Dans le chapitre 2 il reconnaît l'éléphant dans le boa; dans le chapitre 24, quand l'auteur pense que le petit prince n'a jamais ni faim ni soif, il répond, «J'ai soif aussi…cherchons un puits».

16. Y a-t-il une raison pour laquelle Saint-Exupéry et le petit prince vont quitter le désert en même temps? Expliquez.

***(Réponse personnelle)* Ils ont tous les deux complété ce qu'ils avaient à faire; c'est une pure, simple et heureuse coïncidence. Ou peut-être qu'ils sont en réalité la même personne. Saint-Exupéry a eu ces conversations avec la partie supérieure de son être; maintenant il repart pour reprendre sa vie parmi les hommes.**

17. Que ressentez-vous à la fin de ce chapitre?

***(Réponse personnelle)* Je ressens une grande tristesse, une grande perte. Mais, comme dit le petit prince, on se console toujours. Peut-être qu'après, il y aura aussi un bonheur calme, d'avoir eu cet ami, d'avoir appris tant de choses pour guider sa vie.**

Nom ______________________ Date ______________

Contrôle grammatical

Le Futur après des expressions du temps; le subjonctif (révision)

Le Futur après des expressions du temps

Utilisez le futur après les expressions *quand, lorsque, dès que, aussitôt que* et *après que* pour une action future. (En anglais le verbe est au présent.)

1. Trouvez dans le texte deux verbes au futur qui suivent une de ces expressions et qui indiquent une action future. Écrivez-les ici.

   Quand tu regarderas   **Et quand tu seras consolé**

Le Subjonctif

2. Trouvez deux verbes au subjonctif. Expliquez pourquoi ils sont utilisés.

   je suis content que tu *aies* trouvé (après une expression d'émotion) et c'est trop petit chez moi pour que je te *montre* (après une expression de but, indiqué par la conjonction *pour que*).

   Notez: «il coulait…sans que je pusse rien» est à l'imparfait du subjonctif, utilisé après une conjonction de restriction.

Nom ______________________ Date ______________

Enrichissez votre vocabulaire...

vivant(e)	living, alive	*aucun(e)*	no, not any
une courroie	a strap	*un paysage*	a landscape
le cuir	(the) leather	*afin de*	in order to
tantôt... tantôt	sometimes... sometimes	*arriver*	to arrive, happen
surveiller	to watch over	*supplier*	to beg
distrait(e)	absent-minded	*se presser*	to be in a hurry
une fois	a time	*deviner*	to guess
une larme	a tear	*soyez...!*	be...!
semblable	the same	*laisser*	to leave

A découvrir...

Répondez par écrit à ces questions. Après, discutez-les avec toute la classe.

1. Comment les amis de Saint-Ex ont-ils réagi en retrouvant leur ami vivant?

   Ils étaient très heureux.

2. Pourquoi l'auteur était-il triste?

   Le petit prince n'était plus avec lui; il lui manquait beaucoup.

Nom ______________________ Date ______________

3. Pourquoi pensez-vous qu'il ne leur a pas raconté ce qui s'était passé dans le désert?

   Ils ne le croiraient pas; ils croiraient Saint-Exupéry fou.

4. Comment l'auteur a-t-il pu savoir que le petit prince était revenu sur sa planète?

   Il n'a pas retrouvé le corps du petit prince le lendemain de sa mort dans le désert.

5. Pour quelles autres raisons se sent-il un peu consolé?

   Pouvoir entendre les étoiles comme si elles étaient des grelots signifie pour l'auteur que le petit prince est dans l'une d'elles. Donc, il n'est pas mort, mais il est retourné dans sa petite planète.

6. Pourquoi n'est-il pas totalement consolé? Quelle est la question qui trouble Saint-Exupéry?

   Comme il n'avait pas dessiné la courroie pour attacher la muselière au mouton, il a peur que le mouton mange la fleur.

Chapitre 27

Nom ______________________________ Date ________________

7. Notez comment les sentiments de l'auteur sont influencés par son état d'esprit. S'il imagine que tout va bien sur la planète du petit prince, les étoiles rient pour lui. Par contre, s'il imagine que le mouton a mangé la fleur, toutes les étoiles semblent pleurer. Donnez un exemple personnel où simplement en changeant votre façon de penser, le monde extérieur semble être heureux ou bien triste. Quelle leçon pouvons-nous tirer de ceci?

(Réponse personnelle) **Si je pense que les gens sont gentils, le monde extérieur me semble agréable; si je pense que les autres sont malins, mon manque de confiance leur est évident et ils deviennent désagréables. Ce que vous imaginez ou croyez devient la réalité pour vous; vous pouvez vous réjouir de votre monde ou en souffrir.**

Notez: Est-ce que les étoiles rient ou est-ce qu'elles pleurent? On peut discuter la question d'Einstein: L'univers est-il accueillant?

8. Que demande l'auteur à ses lecteurs? Quelle est la naïveté touchante de sa requête?

Il leur demande, s'ils retrouvent le petit prince à l'endroit dans le désert où il l'a vu pour la dernière fois, de lui écrire tout de suite. Sa requête est naïve et touchante parce qu'il nous donne le plus simple des dessins, deux lignes pour les dunes et une étoile, pour nous indiquer l'endroit qu'il faut reconnaître.

9. Indiquez une citation qui vous semble importante, intéressante ou touchante.

(Au choix)

Nom ______________________ Date ______________

10. En juillet 1944, pendant la deuxième guerre mondiale, Saint-Exupéry était porté disparu après ne pas être revenu d'un vol de reconnaissance des objectifs ennemis en France. On n'avait jamais retrouvé ni corps ni avion. Comparez la disparition du petit prince avec celle de Saint-Exupéry.

Le corps du petit prince était disparu aussi. Il ne restait pas de trace.

11. Que représente pour vous l'étoile dans le dernier dessin?

(Réponse personnelle) C'est l'étoile du petit prince, sa planète; pour chaque lecteur c'est la sienne; c'est l'étoile qui nous sert de guide; elle nous fait penser à l'étoile de Bethléem; elle représente l'espoir; elle représente le but de notre vie…

12. Quels sentiments ressentez-vous à la fin de cette histoire? Expliquez pourquoi.

(Réponse personnelle) On ressent de la tristesse: on ne verra plus le petit prince; un vide: il va nous manquer, nous l'avons perdu; l'espoir: ni on ne l'oubliera, ni on n'oubliera ce qu'il nous a appris de l'amitié et de la vie…

Nom ______________________ Date ______________

Contrôle grammatical

Le Futur antérieur, l'imparfait, le passé composé (révision)

Le Futur antérieur

1. Révisez le futur antérieur dans le **Contrôle grammatical** du chapitre 21. Comment est-il formé? Quand est-il utilisé?

   Le futur antérieur est formé avec le verbe auxiliaire (*avoir* ou *être*) au futur et le participe passé du verbe principal. Il peut indiquer:
   a. une action future antérieure à une autre action au futur: Quand tu *auras terminé,* tu pourras partir.
   b. une action qui sera accomplie à un certain moment dans le futur: Il *aura fini* dans un an.
   c. un fait passé imaginé: Elle ne répond pas au téléphone; elle *sera* déjà *partie.*

2. Trouvez dans le texte un exemple du futur antérieur. Écrivez-le ici. Pourquoi est-il utilisé?

   «il n'aura jamais pu»; le futur antérieur est utilisé ici pour exprimer un fait passé imaginé.

L'Imparfait

3. Quand utilise-t-on l'imparfait?

   L'imparfait est utilisé pour exprimer (a) une action qui continue dans le passé, (b) une action répétée ou habituelle dans le passé, (c) la description dans le passé et (d) une action qui se passe dans le passé quand une autre action arrive.

Nom ______________________ Date ____________

4. Trouvez dans le texte deux verbes à l'imparfait. Pourquoi sont-ils utilisés?

   j'étais triste (la description dans le passé), je leur disais (une action répétée dans le passé), ce n'était pas un corps (la description dans le passé)

Le Passé composé

5. Quand utilise-t-on le passé composé?

   Le passé composé est utilisé pour exprimer une action simple dans le passé.

6. Trouvez dans le texte deux exemples du passé composé et écrivez-les ici. Pourquoi sont-ils utilisés?

   (Entre autres) je n'ai jamais raconté, les camarades qui m'ont revu...ont été, je me suis...consolé, il est revenu (des actions simples dans le passé)

Rédaction

Face à la mort, Saint-Exupéry a eu ces conversations avec un petit être. Si vous étiez dans une situation pareille, où la mort était imminente, à quoi penseriez-vous? Qu'est-ce qui vous semblerait important dans la vie?

Écrivez une rédaction de cinq paragraphes de cinq à huit phrases chacun. Le premier paragraphe servira d'introduction au sujet et aux idées que vous voulez traiter. Continuez avec trois paragraphes pour développer votre thème. Donnez des exemples pour soutenir votre point de vue. Votre rédaction doit comporter, bien sûr, vos réflexions et vos idées personnelles. Utilisez le cinquième paragraphe pour donner la conclusion que vous tirez de vos observations. Évitez de longues citations du texte; il est mieux de les exprimer dans vos propres mots. Un bon titre original, qui reflète le contenu de votre composition, est indispensable.

Discutez vos idées en classe avant de commencer. Notez-les ici.

Nom ______________________ Date ______________

Voici un échantillon des innombrables possibilités pour cette rédaction:
On a entendu parler des expériences des personnes face à la mort. Elles voient toute leur vie passer devant leurs yeux. Elles voient ce qu'elles ont fait de bien et ce qu'elles ont fait de mauvais. Elles voient peut-être plus clairement que jamais ce qu'elles auraient dû faire autrement, ce qu'elles feraient différemment dans le futur si elles avaient la possibilité de continuer à vivre.
Ma famille me semblerait importante, mes amis me sembleraient importants.
J'examinerais mes pensées et mes actions: étaient-elles positives? Ai-je fait du bien dans le monde?
La chose la plus importante serait de comprendre le sens de la vie, la raison de notre existence et d'avoir pu m'approcher le plus possible de cette vérité.
Il me serait important de m'être réjoui de la vie, sans l'avoir trop prise au sérieux, de l'avoir vécue plus en enfant qu'en adulte.
Si j'allais mourir, j'espère que je l'accepterais calmement.

Nom ______________________________ Date ____________________

Rédaction finale

Développez un des thèmes indiqués ci-dessous dans une rédaction classique de cinq paragraphes. Chaque paragraphe doit comporter de cinq à huit phrases. Le premier paragraphe servira d'introduction au sujet et aux idées que vous voulez traiter. Commencez avec un court résumé de l'histoire. Écrivez quelques phrases de transition pour amener le lecteur à considérer le thème que vous avez choisi. Continuez avec trois paragraphes pour développer votre thème. Soutenez votre point de vue avec des exemples du texte et votre interprétation là-dessus. Votre rédaction doit comporter aussi, bien sûr, vos réflexions et vos idées personnelles. Utilisez le cinquième paragraphe pour donner la conclusion ou les conclusions que vous tirez de vos observations. Évitez des citations du texte; il est mieux de les exprimer dans vos propres mots. Un bon titre original, qui reflète le contenu de votre composition, est indispensable.

Discutez vos idées en classe avant de commencer.

Thèmes

L'Adulte et l'enfant dans chacun de nous

L'Amitié (du petit prince avec la fleur, le renard, Saint-Exupéry)

Le Devoir et la responsabilité

Le Secret du renard

L'Homme ne voit dans ce vaste univers que ce qu'il est preparé à y voir.

Le Plus Grand Nombre de gens s'agite sans savoir pourquoi.

Pourtant... le bonheur existe.

Qui est le petit prince?

Prenez une phrase du texte qui vous paraît importante et développez l'idée avec vos idées personnelles.

NOTES

NOTES

NOTES

NOTES